AF592511

NOTICE

BIOGRAPHIQUE ET LITTÉRAIRE

SUR

ANATOLE DE GALLIER

ANCIEN PRÉSIDENT

DE LA

Société d'Archéologie de la Drôme

PAR

CHARLES-FÉLIX BELLET

VALENCE

IMPRIMERIE DE JULES CÉAS ET FILS

1899

NOTICE BIOGRAPHIQUE ET LITTERAIRE

SUR

ANATOLE DE GALLIER

Ancien Président de la Société d'Archéologie de la Drôme

A. de GALLIER

(1838)

NOTICE
BIOGRAPHIQUE ET LITTÉRAIRE

SUR

ANATOLE DE GALLIER

ANCIEN PRÉSIDENT

DE LA

Société d'Archéologie de la Drôme

PAR

CHARLES-FÉLIX BELLET

VALENCE

IMPRIMERIE DE JULES CÉAS ET FILS

1899

Cette étude, à la fois biographique et littéraire, est destinée à faire revivre la physionomie d'un homme dont la modestie a caché la valeur, valeur réelle et qui n'a été bien connue que dans le cercle intime et restreint de la famille et de l'amitié. On peut dire qu'au dehors elle était presque ignorée. Sans doute, on savait qu'Anatole de Gallier était un fin lettré, auteur de publications nombreuses et variées, un causeur plein de charme et d'esprit, un bibliophile autorisé et très complaisant — ce qui est plus rare qu'on ne pense — et qu'enfin, pendant vingt-neuf ans (1869-1898), Président de la Société d'Archéologie de la Drôme, à chaque élection, l'unanimité des suffrages ne cessait de le maintenir dans cette charge délicate où ses lumières, sa droiture et sa bienveillance lui méritaient, à juste titre, la confiance et la satisfaction de tous.

Cependant, il y avait mieux en lui. D'une précocité étonnante, de Gallier se sentit de bonne heure en possession d'une âme très élevée, tout éprise d'idéal et de poésie, et allant à Dieu surtout par la voie des épreuves et des tristesses de la vie. Aussi, le double sentiment du devoir et de l'honneur était-il très vif dans cette nature d'élite, qui s'en inspira toujours et jusque dans les moindres actions : C'est par là qu'il régla toute sa conduite. Son cœur, qui avait des délicatesses infinies, sut aimer avec une tendresse et une fidélité à toute épreuve, qui lui valurent des amitiés sincères autant que dévouées.

Ce n'est pas sans émotion que nous écrivons ces choses, qui nous touchent de si près ! Car nous ne saurions oublier que, jeune encore, nous reçûmes chez lui un accueil qui, avec le temps, a créé entre nous des liens affectueux, qu'achevait de resserrer une absolue conformité de principes religieux et autres. De là à l'intimité de la famille, il n'y avait qu'un pas, et le pas fut franchi !...

Aujourd'hui, ce regard vers le passé ne peut qu'accroître nos regrets pour cet ami disparu, comme aussi il ajoute singulièrement à notre affection pour les siens, qui lui survivent dans la vieille maison de Tain, si hospitalière à tous égards !

Puissent ces pages ne pas leur paraître trop indignes de celui qui fut leur père bien-aimé ! Puissent-elles trouver un sympathique écho auprès de ses nombreux amis, et de tous les membres d'une Société qu'Anatole de Gallier aima beaucoup, et dont il restera le Président modèle ! Son souvenir comme son exemple y seront fidèlement gardés !

Tain (Drôme), le 4 novembre 1898.

ANATOLE DE GALLIER

ANCIEN PRÉSIDENT

de la Société d'Archéologie de la Drôme

NOTICE BIOGRAPHIQUE ET LITTÉRAIRE

I

SA FAMILLE. — SON ÉDUCATION. — PREMIÈRES POÉSIES (1837-1840). — VOYAGE EN ITALIE (1841). DIVERSES PUBLICATIONS (1843-1854).

FRANÇOIS-JOSEPH-ANATOLE DE GALLIER naquit à Tain le 28 mai 1821. Il appartenait à une famille dont l'existence est attestée, dans cette petite ville, dès la seconde moitié du XVIIe siècle, et ce fut au siècle suivant qu'elle obtint la noblesse, due à une charge de capitaine châtelain et de notaire royal transmise de père en fils (1).

(1) Voir aux Pièces justificatives la généalogie de la famille de Gallier.

Son grand-père paternel, Joseph-Antoine de Gallier, assista, en 1788, aux états de la province tenus à Romans, et l'année suivante il commanda la garde nationale de Tain, fonction qu'il résilia après les journées d'octobre. Il a écrit, sur ces premiers temps de la révolution dans notre pays, des notes intéressantes qui permettent, avec tant d'autres documents irrécusables, de nous fixer sur la prétendue fédération d'Etoile, en 1790, dont l'école légendaire de Michelet a fait depuis un morceau quelque peu ridicule : c'est le moins qu'on en puisse dire. Sous la Terreur, il fut arrêté comme ci-devant noble, et incarcéré à Vienne pour n'avoir pas voulu livrer sa croix de chevalier de Saint-Louis. Le 9 thermidor le sauva. Ces souvenirs de famille restèrent profondément gravés dans l'esprit de son petit-fils qui aimait à les rappeler, comme aussi à montrer l'extrait du registre d'écrou de la prison de Vienne (1).

(1) M. Chaper a publié les *Procès-verbaux du Comité de surveillance révolutionnaire de Vienne-la-Patriote*, du 31 mars 1794 au 21 mars 1895. (Grenoble, Allier, 1888.) A la date du 19 germinal an II (8 avril 1794), on lit ce qui suit (p. 19-20) :

« Joseph-Antoine Gallier, habitant à Tain avant la Révolution, habitant à Vienne depuis environ une année et demie. Il a des possessions audit Tain, âgé de quarante-sept ans, ayant trois enfants : un fils âgé de dix-sept ans, habitant à Vienne ; deux filles, habitant à Tain avec sa femme, l'une âgée de quinze et l'autre de dix ans. Détenu en la maison d'arrêt de la commune de Vienne de Saint-Joseph, depuis le 13 brumaire (3 novembre 1793), par ordre du Comité de surveillance de Vienne ensuite d'une lettre du Comité de surveillance de Tain en réponse à celle de Vienne du 21 vendémiaire (12 octobre 1793). Il résulte de ladite lettre du 4 pluviôse que les habitants de Tain ignorent les motifs qui l'ont fait quitter Tain pour habiter Vienne ou Chalons (le Chalon-St-Michel, au bailliage de Vienne), en août 1792, où il a des possessions ; qu'il a trois frères émigrés ; qu'il n'a jamais paru dans les

Son père, Philibert-Joseph-Auguste de Gallier, né à Tain le 18 juillet 1776, avait épousé, en 1817, Marianne-Delphine-Philippine de Carmes de la Bruguière. Outre leur fils Anatole, ils eurent une fille, Delphine-Caroline-Baptista-Ottilie, née en 1819, et mariée en 1837 à Jean-Charles-Philippe de Rossel, baron de Fontarèches. Remarquablement belle, Ottilie de Gallier était d'une grande distinction de caractère, et son âme très élevée était parvenue à un rare degré de perfection : ce fut

Assemblées primaires ni à la Société populaire de Tain ; qu'il n'est point inscrit au rôle de la garde nationale ; qu'il ne l'a montée en personne ni n'a paru aux fédérations du 14 juillet ; enfin, qu'il avait un brevet de croix de Saint-Louis et qu'il ne l'avait pas remis à la municipalité de Tain ; qu'il n'est point inscrit au rôle de la garde nationale (à Vienne) et qu'il n'en fait pas le service quoique résidant depuis plus d'un an ; enfin que ledit Ginoult (lire Ginouze) Gallier ne s'est point conformé aux lois du 28 juillet et 5 août pour déposer la croix de Saint-Louis et le brevet.

« Sa profession : agriculteur de ses biens.

« Son revenu : son revenu est de 3,000 livres environ avant et après la Révolution.

« Ses relations et ses liaisons : avec des gens ex-nobles.

« Son caractère : doux et politique (lire pacifique). Le Comité ignore ses opinions politiques qu'il a pu montrer au mois de mars, juillet, octobre 1789, au 10 août, à la fuite et à la mort du tyran, au 31 mai et dans les crises de guerre. Le Comité ignore aussi s'il a signé des pétitions et arrêtés liberticides, vu qu'il n'habitait pas assiduement cette commune, mais le plus souvent celle de Chalons où il a des possessions. »

Après le 9 thermidor, de Gallier demanda sa mise en liberté. Refusée d'abord le 15 septembre 1794 (Ut suprà, p. 88-89), elle lui fut enfin accordée le 20 octobre suivant (Ibid. p. 174-75) :

Du 29 vendémiaire (20 octobre 1794).

Vu la pétition du citoyen Antoine Ginouze-Gallier, natif de Tain, tendante à obtenir sa liberté.

L'avis du Comité révolutionnaire du district de Vienne, duquel il

vraiment une sainte. Pendant près de quarante ans, la santé toujours précaire de son mari fit d'elle une véritable sœur de charité, et cela, avec un dévouement admirable. Devenue veuve sans enfants, en 1877, elle n'eut qu'un désir, quitter le monde pour achever de se donner à Dieu. Malgré son âge avancé, elle se fit religieuse, à Auch, chez les Dominicaines gardes-malades, et plusieurs années après elle mourut à Tain, entourée de la vénération publique (13 octobre 1889).

La première éducation d'Anatole de Gallier se fit à la maison paternelle. Vers l'âge de 10 ans, il fut confié, ainsi que sa sœur Ottilie, aux soins dévoués d'un précepteur, l'abbé Payen, prêtre austère et d'une grande bonté. Né à Avignon en 1788, l'abbé Payen avait été,

résulte que, pendant qu'il a résidé dans la commune de Vienne, on ne lui a connu aucun fait d'incivisme.

L'avis donné par les Comités de Chalon et de Sorlin (Saint-Sorlin), dans lequel on donne la preuve du civisme de Gallier, et différents dons patriotiques qu'il a faits.

La délibération prise par la commune de Chalon et Sorlin, par laquelle elle député le maire et l'agent national de cette commune pour réclamer la liberté du pétitionnaire.

Après avoir entendu lesdits députés qui ont déclaré qu'Antoine Gallier était reconnu pour un bon citoyen et vrai républicain, qu'on ne peut lui imputer l'émigration de deux de ses frères, puisqu'ils n'habitaient pas ensemble, qu'ils étaient éloignés de plus de cent cinquante lieues et qu'ils étaient même ennemis jurés.

Considérant, d'après tous ces faits, que Gallier n'a point pris part à l'émigration de ses frères; qu'il ne l'a favorisée ni directement, ni indirectement; conséquemment il ne peut être dans le cas de la loi du 17 septembre.

Arrête que le citoyen Gallier sera sur-le-champ mis en liberté, à la diligence de l'agent national du district de Vienne, les scellés et sequestres levés.

Fait à Vienne-la-Patriote, le 29 vendémiaire, an III, etc.

en dernier lieu, proviseur du Collège royal de Tournon. A la révolution de 1830, ne voulant pas prêter serment au nouveau gouvernement, il accepta volontiers la charge toute de confiance que lui offrait la famille de Gallier. Sous sa direction éclairée, le jeune Anatole fit de solides études classiques, terminées en 1838 par le diplôme de bachelier. Sa sœur partagea en partie ses mêmes études, et elle arriva à une connaissance remarquable de la langue latine.

Il n'avait pas attendu cette date pour se livrer à son goût déjà marqué pour les travaux littéraires, notamment pour la poésie. Dès 1834, il collabore à *La Ruche*, journal pour les enfants, édité à Paris, et qui accueillait, en les sollicitant comme moyen d'émulation, les premières productions de ses tout jeunes abonnés.

Trois ans après (1837), un pas de plus est fait, et Anatole publie, dans la *Gazette du Bas-Languedoc*, un compte-rendu sur un livre de Jules de Saint-Félix, relatif à la duchesse de Bourgogne (1). L'article est court, un simple feuilleton, mais le style est déjà formé, et les pensées ne manquent ni de justesse, ni de profondeur. L'auteur avait seize ans !

Cette même année 1837 lui valut tout un triomphe. M. Monier de la Sizeranne, alors député et président du Conseil général de la Drôme (2), était en outre poète

(1) Voir aux Pièces justificatives la *Bibliographie*, nº I.

(2) Monier de la Sizeranne (Jean-Paul-Henri), né à Tain le 31 janvier 1797, sénateur en 1863, et décédé à Nice le 6 janvier 1878. On peut consulter sur cet homme de bien et de talent, la *Biographie du Dauphiné* d'A. Rochas, et le *Bulletin de la Société d'Archéologie de la Drôme*, tomes X, p. 230 ; XI, p. 211-13 ; XII, p. 97, 201-3 ; et surtout XIX, p. 357-76.

à ses heures. Lié avec Emile Deschamps, il l'avait invité à venir passer quelques jours chez lui, à Beausemblant, puis de là chez son frère, à Tain. Là, un dîner champêtre organisé au pavillon de Chantalouette, sur le coteau de l'Hermitage, réunit autour de lui les membres de sa famille et quelques amis. Le jeune de Gallier en était. Présenté à Emile Deschamps, il lut, pâle et tremblant, une pièce de vers qui fut accueillie avec une faveur marquée.

SOUVENIR

A M. Emile DESCHAMPS.

§ I

Il est des noms grandis qu'on révère entre tous,
De ces esprits d'en haut, le front ceint de génie,
Qui font germer au cœur l'ardente sympathie,
Qu'on écoute à genoux.

Parmi la voix des vents, l'orage et la tempête,
Enlevés comme Elie au char sacré de feu,
Un éclair dévorant a jailli sur la tête
De ces élus de Dieu.

Il les a couronnés de l'auréole sainte ;
Anges tombés du ciel, flamboyants Séraphins,
Sur leur âme brûlante ils ont gardé l'empreinte
De leurs songes divins.

C'est en vain que la foule et dédaigneuse et folle
Se rit de l'insensé, promène ailleurs ses pas
Et jette l'ironie à sa noble parole
Qu'elle ne comprend pas.

Car l'admiration aux cœurs vierges s'allume
Dans ce monde de mal, seule goutte de miel
Dans un vase tari, terrestre encens qui fume
A l'entour de l'autel.

Ainsi dans mes pensers s'éveilla ton image,
Pour moi tu possédais un attrait inconnu.
Poète, je t'aimais de mon lointain rivage,
Tu m'es enfin venu.

§ II

C'était le soir et l'heure où la fleur embellie
Relève son calice abattu par le jour,
Où gémit tendrement une brise amollie,
Comme d'un jeune cœur une plainte d'amour.
On eût dit que pour toi la nature plus douce
De chants joyeux de fête avait rempli les airs,
Que les sylphes errants enlaçaient sur la mousse
Leurs danses de jadis, que la vague des mers
Avait donné son bruit plaintif et monotone
Qui lentement s'efface et dans le lointain fuit
Au murmure confus des calmes flots du Rhône.
A l'horizon brillait sur le front de la nuit,

Diadème de feu qui couronne une reine,
La lune dans l'éther glissant plus mollement,
Dans l'onde elle mirait une lueur sereine
Et jetait à l'eau pure une gaze d'argent.
Le long paquebot vert, gigantesque baleine,
Sur le fleuve marchait sans l'aide des zéphirs ;
Comme un sein palpitant tremblait la blanche étoile
Dans le limpide ciel coloré de saphirs.
Sous les baisers du vent avait frémi la voile
De la barque où veillait le paisible pêcheur.
A ta lèvre échappa la fleur de poésie,
Tu nous redis tes chants sortis vivants du cœur,
Célestes, embaumés comme un parfum d'Asie :
C'étaient les troubadours, les héros d'autrefois,
Et le preux chevalier aux couleurs de sa dame,
Puis le sombre Océan résonna dans ta voix,
Et tes accents vibraient jusqu'au fond de mon âme,
C'est que, vois-tu ! pour moi le génie est sacré :
Dans ce monde on ressent une souffrance intime,
La poésie alors est un baume ignoré
Où du mal d'ici-bas le cœur blessé s'abîme
En extase de joie, en brûlants rêves d'or.....
Ces sons purs comme ceux des cythares antiques,
Oh ! je les garde en moi, comme un divin trésor,
Comme un tendre soupir aux airs mélancoliques.

Emile Deschamps n'eut garde d'oublier cette belle soirée d'été, et, dans une charmante poésie adressée à son aimable hôte, M. de la Sizeranne, il eut un souvenir pour le « *pâle adolescent* » qui venait de lui offrir les prémisses de son talent naissant :

Mais le jour tombe, on s'est levé ;
Tout le monde est debout sur la terrasse :
D'un spectacle enivrant mon œil est abreuvé,
Et l'admiration est prête à crier grâce !
Car le soleil mourant sous l'or de ses réseaux
Des monts de la Savoie enflamme au loin la neige,
Et le Rhône, à nos pieds emporte dans ses eaux
La lune au vol d'argent, avec tout son cortège.
Et cependant un chœur d'invisibles oiseaux
Prélude, saluant l'aube qui les protège ;
Et nous tous, oublieux de l'heure qui s'enfuit,
Nous jetons des vers à la nuit,
Que la lyre, autre amour, comme l'amour abrège !
C'est alors que, levant son front prédestiné,
Un pâle adolescent (1), Mozart, Tasse ou Corrège,
Hasarde quelques vers, non sans dire : oserai-je ?
Et subjugue, en tremblant, l'auditoire étonné.
Noble enfant ! déjà maître, à l'âge du collège,
Dans l'art où Chapelain fut toujours écolier ;
Cet art, tout de nature, et partant le premier,
Langue sans rudiment, musique sans solfège,
Et peinture sans atelier ! (2).

Peu de jours après, Anatole, encore sous le charme, écrivit à Deschamps, lui adressant sa première œuvre poétique. Son illustre correspondant l'en remercia par une aimable lettre, où en lui donnant de sages conseils, il ne lui cache pas sa vive et sincère admiration :

(1) « M. Anatole de Gallier, jeune poète qui se fera connaître » (Note d'Emile Deschamps).

(2) Poésies d'*Emile Deschamps*. Paris, Deloye, 1841, p. 148.

Chasaignes (Côte-d'Or), 4 août 1837.

Monsieur,

Nous arrivons tous du Mont-Dore. Nous n'avons pas pu quitter si tôt M. et Mme de la Sizeranne, nous sommes plus heureux que vous ne pensiez, ou plutôt nous l'avons été, car nous voilà pleins de regrets... cette traduction si littérale et pourtant si infidèle des souvenirs !

Mais moi, je suis réellement, à mon retour, bien plus heureux que je ne l'espérais. On me remet une lettre et des vers de vous. Une preuve d'amitié, j'espère, et une grande preuve de talent et de poésie, cela est bien sûr. Je garderai ces deux papiers toute ma vie, Monsieur, et quand vous serez arrivé très haut, dans bien peu de temps si vous le voulez, en travaillant *sérieusement*, je dirai très haut aussi : « Quand je vous le disais, que M. Anatole de Gallier était un poète. » Au reste, M. de la Sizeranne, qui s'y connaît, m'avait prévenu dans cette prédiction. Les strophes de votre § Ier sont très belles d'images, de pensée et d'expression. Celle : *C'est en vain que la foule*, etc., et les suivantes sont surtout remarquables. — Votre § II est bien contrasté avec le premier. Il y a là un vrai talent de composition, chose rare à votre âge. Cette coupe en deux parties distinctes est fort heureuse et décèle l'esprit d'invention et d'ordre tout à la fois : deux conditions indispensables. Quant à la poésie et au style, vous les possédez naturellement, bientôt la partie artiste sera, chez vous, au niveau du reste. Occupez-vous en, Monsieur, et ne vous contentez jamais d'un à peu près. C'est le fléau de tous les arts. Vous me parlez de rimes faibles. Je ne les aime pas, quoique depuis quelque temps, de fort grands poètes se les permettent. Mais :

C'est par leurs beaux côtés qu'il leur faut ressembler.

Or, pour moi, si la rime n'est pas une parure, elle n'est qu'une chimère et les vers à peu près rimés, sont des vers qui auraient à peu près les coupes : songez-y. D'ailleurs, le travail de la rime force à retourner la pensée, à soigner l'expression, et tout y gagne. Vous avez, vers la fin, la rime, de *sacré* et de *secret*. Elle n'existe pas ; ce n'est pas une rime : le *t* comme toute autre consonne venant immédiatement après une voyelle ne rime pas avec la même consonnance qui finit sur la voyelle seule. Je lis, en disant cela : *est un baume adoré*, ou bien : *un baume ignoré*, comme vous voudrez (1), car nous avons beaucoup lu vos vers, et les dames ainsi que M. de Croze y applaudissent de grand cœur.

Méfiez-vous aussi d'un peu d'embarras dans les périodes et de quelques *enchevêtrements* peu élégants, encore défaut de travail. Vous avez un premier jet très beau, mais il faut ensuite revenir avec patience sur l'œuvre de l'inspiration. C'est là, pour ainsi dire, la vertu du talent, car rien n'est plus ingrat.

Ces sons purs comme ceux des cythares antiques
Oh ! je les garde en moi comme un divin trésor,
Comme un tendre soupir aux airs mélancoliques.

Les deux premiers vers sont très bien, très poétiques ; le dernier me paraît vague : *Un soupir aux airs mélan-*

(1) On a vu, en lisant plus haut les vers d'Anatole de Gallier, que le conseil a été suivi, car on y trouve : *est un baume ignoré.*

coliques, cela manque de précision et peut-être de justesse. Qu'en pensez-vous ?

Mais je vous répète en mon nom et en celui de toute la colonie de Chassaignes, que nous sommes émerveillés de votre poésie. Vous êtes poète et écrivain, et vous êtes si jeune ! Pardonnez-moi la brutalité de mes conseils, en faveur de la sincérité de mes éloges et de celle aussi de l'amitié sympathique dont je me plais à vous donner la cordiale assurance.

EMILE DESCHAMPS.

P. S. — Je ne vous ai pas dit combien vous peignez avec chaleur et charme cette délicieuse soirée à Chantalouette. Vos vers atteignent tout. Ils se plongent dans le Rhône et vont frapper les astres, et ils s'arrêtent aussi dans la région du cœur que nulle poésie ne doit éviter. Mme de Croze veut encore me les faire répéter. Elle les sent vivement ainsi que ma femme, et elles se croient encore revenues à ce beau soir où nous avons fait de si charmantes connaissances parmi les hommes et dans la nature.

Anatole de Gallier venait de se révéler poète, et il le fut toute sa vie. En dehors du cercle étroit de la famille et de quelques rares amis, personne n'a connu, ni même soupçonné son réel et très beau talent, dans un genre qui ne souffre pas la médiocrité. Son esprit, très vif et tout prime-sautier, trouvait dans les circonstances et les impressions du moment une inspiration aussi rapide qu'heureuse, et qui s'est traduite par d'assez nombreuses compositions restées manuscrites.

Rien n'y trahit l'effort, et toujours on sent vibrer une âme éprise d'idéal, mais ne voyant la vie que sous un jour douloureux, triste et même décourageant.

Enhardi par ce premier succès, Anatole se risqua encore, et, au mois de septembre suivant, il osa envoyer à Sainte-Beuve une pièce de vers, où il célébrait un Recueil de poésies du futur auteur des *Lundis*. Il en reçut la lettre suivante :

Lausanne, 25 janvier 1838.

MONSIEUR,

Les vers que vous m'écriviez, en septembre dernier, me sont arrivés après bien des détours et des retours, il est à peine séant de venir aujourd'hui vous en remercier. Ils portent d'ailleurs sur un livre écrit il y a dix ans, et en dix ans on change si fort, que les hommages donnés à notre *moi* d'autrefois, on hésite à les recevoir et à les appliquer à son *moi* d'aujourd'hui. Permettez-moi pourtant, Monsieur, sans accepter ni m'appliquer ce trop de louanges, de vous remercier de la sympathie qui s'y est mêlée, et de vous dire que j'en demeure bien reconnaissant.

Recevez-en l'expression, Monsieur, avec celle de mes sentiments distingués.

SAINTE-BEUVE.

Ces premières productions littéraires d'Anatole coïncidaient avec l'achèvement de ses études. L'abbé Payen, sa mission terminée, se sépara, non sans peine, d'un élève qui lui faisait déjà grand honneur. Il entra dans le diocèse d'Aix, où il devint chanoine honoraire et curé de Salon ; c'est là qu'il mourut en 1870.

Entre lui et la famille de Gallier des liens étroits s'étaient formés, Anatole garda toujours le souvenir de son vieux maître, et, vers la fin de sa vie, il nous en parlait encore en des termes émus, fidèle écho de son cœur reconnaissant.

On était en 1839, et il avait dix-huit ans. Un portrait au crayon, dessiné peu auparavant, le représente dans tout l'éclat de sa jeunesse ; sa figure, très belle et très fine, accuse beaucoup de distinction, en même temps qu'il s'y reflète une mélancolique tristesse. C'est qu'il avait besoin d'expansion, et la vie retirée de Tain pesait à sa nature généreuse ; par goût comme par tempérament, il désirait élargir son horizon, se créer des relations intellectuelles de valeur, voyager à l'étranger, et arriver enfin à une situation en relief dans le mouvement littéraire de l'époque, si remarquable à tous égards. Une autre perspective lui souriait encore, la diplomatie, car là, il pouvait donner un libre essor à sa personnalité, et il lui était permis de compter sur plus d'un aboutissant. Mais aucun de ses rêves ne devait se réaliser, et ce cruel désenchantement jeta sur toute sa vie un voile d'indéfinissable tristesse.

Sa mère était intervenue : les projets de son fils ne lui souriaient guère, elle le désirait à Tain, fixé dans la maison paternelle pour la continuer. Anatole l'aimait tant, qu'il lui fit ce sacrifice et brisa sa vie ! Cette douloureuse circonstance ajouta beaucoup à la mélancolie de son âme qui y était déjà si naturellement portée.

Comme diversion, et surtout comme récompense à la fin de ses études, il fit un voyage en Savoie et à Genève. Il en a lui-même consigné les impressions dans des notes écrites au jour le jour, et où le jeune voyageur se montre à la fois touriste, poète et philosophe, laissant son cœur s'exhaler en des réflexions pleines de tristesse. Au fond, la tristesse sera la note dominante de son âme, restée toujours chrétienne.

Parti de Tain le 6 août 1839, il ne fait qu'une halte rapide à Valence, et va droit sur Grenoble. Ecoutons-le :

« Le fort de la Bastille annonce de loin la capitale du Dauphiné, et l'on voit blanchir à l'horizon les remparts de la ville. Entrez ! c'est Grenoble, la ville qui, en 1815, salua la première Napoléon empereur. Qui est-ce qui pense maintenant à Napoléon, à l'exception de quelques vieux grognards de sa garde, qui peut-être s'en souviennent encore et refusent de croire à sa mort ! Nous sommes dans un malheureux siècle de scepticisme, où l'enthousiasme s'use vite. Le calcul et l'intérêt sont maintenant à la place du cœur, et l'on cherche avant tout la sécurité et les satisfactions de l'égoïsme.

« Je suis allé m'asseoir à la promenade du jardin de ville, qui est délicieuse ; les arbres en ont été plantés par Lesdiguières. J'ai passé ma soirée sur un banc, dans le *dolce farniente* du Napolitain, à écouter de la musique militaire. Je ne sais si tout le monde est comme moi, mais je ne trouve rien de plus doux que de m'étendre à demi et d'écouter une harmonie lointaine, ou les bruits confus de groupes qui passent devant moi. C'est comme dans un rêve une forme indécise de femme vaguement entrevue dans l'ombre et que l'on ne doit jamais retrouver, c'est enfin quelque étoile filante qui s'éteint au ciel. Alors l'âme se laisse aller tout entière à quelque rêverie, sans pensée, sans sensation arrêtée... »

Le 9 août, il quitte Grenoble pour entrer en Savoie. La magnifique vallée du Graisivaudan excite son admiration, et il sait trouver sur sa palette des couleurs aussi fraîches que vraies pour décrire ce beau paysage. Mais, la pensée qu'il traverse la frontière lui arrache un cri de douloureux contentement qu'il est impuissant à retenir :

« C'est aujourd'hui pour la première fois que je suis sorti de France, plût à Dieu que je l'eusse quittée pour plus longtemps ! Oui, je le sens, j'ai besoin de transplanter ma vie pour plusieurs années sur quelque contrée éloignée ; j'ai besoin de me fuir, moi et les pensées qui m'accompagnent toujours..... Peut-être alors regretterai-je amèrement ma patrie. Regret, désir ! vous êtes toute la vie de l'homme ! Oh ! toujours descendre ou monter vers un but qui vous fuit sans cesse, aller, aller en avant, comme poussé par une force inconnue, sans pouvoir rien changer au dedans de soi ; jamais une heure accomplie de bonheur et de repos ! Voilà le tourment de toute la vie. Mais vous, mon Dieu, vous êtes là ! »

Le 20 août, à l'abbaye de Hautecombe, au bord du lac du Bourget, ce lac que venait de chanter Lamartine, la vue des tombes royales de la maison de Savoie lui fait regarder la vie humaine sous un jour bien triste et qui serait décourageant, si la note chrétienne n'était là pour réconforter ce cœur de vingt ans à peine, et pourtant si grave et si enclin à la mélancolie :

« Les poètes de notre jeune littérature, écrit-il, ont eu raison lorsqu'ils ont proclamé la douleur la déesse de la vie. Mais selon moi ils se sont trompés en en faisant une souffrance abstraite et continue qui appartiendrait tout entière aux régions de l'idéal. Non, les blessures les plus sourdes et les plus profondes sont celles que l'âme reçoit dans sa lutte contre la réalité ; ce sont ces mille petits froissements de la vie qui vous laissent chaque jour une ride dans le cœur comme sur le front, ce désenchantement aride et amer qui finit par se poser sur tous les sentiments et sur toutes les personnes, cette plaie que rien ne peut jamais guérir et qui va toujours s'élargissant. Ne vous est-il jamais arrivé, surtout dans des nuits d'insomnie et d'angoisse, de vous sentir sur le cœur un poids presque aussi lourd que celui d'un remords ? Alors, le passé et votre avenir vous apparaissaient sous un jour néfaste et sous un prisme terne et glacé. Quelques instants séparant à peine la naissance de la mort, et dans ce temps poursuivre son intérêt et son ambition sans avoir été satisfait jamais, sans que ces inquiétudes d'un cœur rongé puissent servir à rien, puis s'abîmer dans la mort comme le moindre de tous les êtres, ne laissant rien derrière soi. Oh ! voilà la véritable douleur, la souffrance qui n'a pas encore trouvé de nom, si ce n'est dans le Christianisme qui seul nous la fait connaître et même aimer. »

On le voit, de Gallier est déjà un penseur qui observe et qui raisonne, comme le ferait un philosophe dans toute la maturité de l'âge ; sa jeunesse n'a pas eu cette gaieté joyeuse et confiante qui fait entrevoir l'avenir dans un prisme souvent trompeur sans doute, mais qui donne du ressort à la volonté et de l'enthousiasme au cœur. Pour lui, il nous l'a dit, son *prisme est terne et glacé*, et *la souffrance est la déesse de la vie !*

Une cousine de son père, Mme Auguste de la Farge, le connaissait bien, quand elle lui écrivait : « Mon gentil compagnon de promenade, j'aurais dû te donner des conseils qui t'auraient été utiles. Ce qui me le fait regretter, c'est la phrase mélancolique de ta lettre : *peut-être serai-je disparu de ce monde, avant de vous revoir*. Pourquoi cette pensée de tristesse à ton âge ? Elle est bonne au mien, elle ne vaut rien au tien. Aussi ai-je mis toute chose au point, en la prenant pour moi seule » (1).

Notre voyageur continue sa route, Genève lui plaît assez, et il sait apprécier comme il convient la cité protestante de Calvin ; à Ferney, il a un mot, et très juste, sur Voltaire ; Coppet lui rappelle Mme de Staël et il s'étend volontiers sur l'auteur de *Corinne* et *De l'Allemagne ;* Lausanne et sa cathédrale attirent vivement son

(1) Lettre du 22 septembre 1838.

attention ; quant au lac de Genève, « si transparent et si bleu » d'abord, il le revoit ensuite au milieu d'une affreuse tempête, et ses vagues soulevées rappelaient l'Océan dans ses jours de colère. Annecy, Chamonix, le Mont-Blanc, enfin Aix-les-Bains, forment les dernières étapes de ce voyage quelque peu philosophique. A Aix, il prend le bateau qui le ramène à Lyon, et de là à Tain, où il est de retour le 6 septembre, juste un mois après son départ. Il retrouvait au foyer paternel les personnes sur lesquelles étaient alors concentrées toutes ses affections : son père, sa mère, sa sœur, mariée depuis deux ans, et sa tante, la *bonne tante Caroline* comme on l'appelait, et qui aimait tant son neveu, qui le lui rendait bien. Par son intelligence, son esprit d'ordre et sa fermeté de caractère, Mme Auguste de Gallier était vraiment l'âme de toute la maison. On sait jusqu'à quel point Anatole s'inclina devant l'autorité maternelle. Il fut le meilleur des fils, et il eut pour sa mère un véritable culte, tout d'amour et de respect. Au reste, il avait une nature excellente, et il a beaucoup vécu par le cœur qui, chez lui, était d'une délicatesse et d'une sensibilité exquises. Ceux-là seuls ont pu penser autrement qui ne l'ont jugé que sur les apparences, ou d'après l'esprit si vif du lettré et du critique, qui parfois emportait pièce, et ils se sont trompés du tout au tout. Pour nous, qui avons été admis dans son intimité et dans celle des siens, nous savons quels trésors de tendresse et de dévouement il y avait dans cette âme d'élite, si empreinte de distinction et d'honneur.

En dehors de sa propre famille, il comptait encore des amis de choix, avec lesquels il entretenait soit des rapports fréquents de société, soit une correspondance assez active. D'abord, il trouvait à Tain même, dans une famille de vieille noblesse, fort liée avec la sienne, des relations élevées et qui lui plaisaient infiniment. C'était le marquis de Cordoue, homme de bien dans toute la force du mot, et dont les filles, Mme la marquise de Florans, Mme Monier de la Sizeranne, et, la plus jeune, la Révérende Mère Mathilde du Saint-Sacrement, ont laissé une grande réputation de valeur personnelle, de haute piété et de charité parfaite. Mme de Florans avait cinq filles, dont les aînées, très liées avec Ottilie de Gallier, et à peu près de l'âge d'Anatole, avaient été leurs amies d'enfance, et cette amitié a duré autant que la vie.

Une femme de beaucoup d'esprit et de piété, sa cousine, Laure de la Farge, exerça alors sur lui une très heureuse influence. Elle était la fille de Mme Auguste de la Farge, celle-là même que nous avons vue si bien relever, dans Anatole, les sentiments de tristesse et de découragement. Laure lui parle comme sa mère, mais avec la poésie en plus, et elle le fait avec d'autant plus d'à-propos que son cousin, dans une pièce de vers, avait été jusqu'à lui dire :

La souffrance pour vous toujours fut éphémère.

Qu'on lise la réponse :

La souffrance, dis-tu, pour moi fut éphémère,
Non, jeune homme, ici-bas, elle est toujours amère.

Et si je te disais qu'il n'est pas de douleur
Qui n'ait de son épine ensanglanté mon cœur !
Que des larmes de feu me brûlaient en silence
Tandis que j'étais calme et froide en apparence !
Car ma jeune âme aussi demandait des amours
Qui ne trompent jamais et qui durent toujours ! !
Anatole, je vais te traiter comme un frère,
Et pourtant, je le sens, il vaudrait mieux me taire.
Une femme devrait des secrets de son cœur
N'entretenir que Dieu, son seul consolateur.
Mais tu me fais pitié, ta jeunesse incomprise
A tant besoin d'entendre une voix qui lui dise :
J'ai pleuré de tes pleurs, j'ai souffert tes tourments,
Nos cœurs ont ressenti les mêmes battements,
Et souvent comme toi, ma voix faible et troublée
Sans écho s'est perdue au fond de la vallée.
En présence du Ciel mon regard se voilait,
Et sous la main de Dieu mon cœur aussi tremblait.
Anatole, oh ! c'est mal, car sa bonté divine
A mêlé bien des fleurs pour alléger le poids
De ce bandeau sanglant, et de sa lourde croix
Il ne nous a donné qu'une part bien légère.
Regarde autour de toi : n'as-tu pas une mère,
Une mère bien tendre et qui se sent mourir,
Comme faisait la mienne, en me voyant souffrir ?
N'as-tu pas une sœur, candide jeune fille,
Veux-tu qu'elle soit triste au sein de la famille ?
Déjà son jeune front s'est couvert de pâleur
Aux funèbres accents de ton chant de douleur,
N'auras-tu pas pitié de ces cœurs en souffrance ?

. . . .

Tu dis qu'autour de toi toute fleur est fanée,
Que le monde a flétri ta jeune destinée !...
Aussi, pourquoi vas-tu demander le bonheur
A ce monde perfide, hypocrite et menteur ?

Qu'as-tu besoin de lui ? Pourquoi toujours te plaindre ?
Tu lui fais trop d'honneur en paraissant le craindre ;
Et méprise-le donc, laisse-le ramper bas,
Sur son chemin boueux, crains de salir tes pas !
Il est de verts sentiers dans le fond des ravines
Où fleurissent encore de fraîches églantines,
Des cœurs simples et purs qui savent l'amitié
Et qui de tes chagrins porteraient la moitié.
Oh ! mon cher Anatole, une âme vive et tendre
A besoin d'un ami qui sache la comprendre ;
La solitude pèse à l'homme malheureux,
Le poids est bien moins lourd quand on le porte à deux !
Ne reste pas ainsi tout seul en ta souffrance,
Au bras de l'amitié viens chercher allégeance.
Va trouver le Seigneur, lui seul comprend la peine
Qui s'attache en ce monde à toute vie humaine ;
Lui seul, sans nous blesser, peut panser nos douleurs,
Lui seul peut adoucir l'amertume des pleurs !...
Va donc à ses genoux avouer ta faiblesse ;
Comme un saint holocauste, offre lui ta tristesse,
Et dans les jours de deuil, d'exil et de malheur,
Ami, tu trouveras encore quelque douceur !

Ce beau langage s'adressait à une âme capable de le comprendre, et qui en reçut une salutaire impression. Anatole l'a dit en une charmante poésie :

Echo des célestes cantiques,
Beau lys éclatant de blancheur,
Chaste fleur des jardins mystiques
Que les anges nomment leur sœur !

Tu portes une sainte auréole
Dans ta virginale beauté,
Tu m'apparais comme un symbole
D'innocence et de pureté.

Dans tous les parfums de la terre,
Dans les vapeurs de l'encensoir,
Dans les rayons pleins de mystère
Qui tremblent au ciel chaque soir,

Dans tout ce que la nuit sereine
A de plus pur et de plus doux,
Oh ! jamais notre langue humaine
N'aurait trouvé de nom pour vous !

Mais celle dont le front rayonne
Au-dessus de toute splendeur
Voulut être votre patronne,
Vous donnant son nom protecteur.

Aussi de sa grâce céleste
Plus d'un beau reflet radieux
Eclaire votre front modeste
Et l'on voit le ciel dans vos yeux.

Et votre image retracée
A réveillé Dieu dans mon cœur,
Il suffit de votre pensée
Pour que je me sente meilleur !

Laure de la Farge avait un frère, Tony, jeune homme admirablement doué, et qui était alors officier de marine. Mais hélas ! il fut enlevé à la fleur de l'âge, le 28 novembre 1839, à bord du brick *La Zélée*. Il comptait parmi les meilleurs amis d'Anatole. Il faut lire ses lettres pour bien comprendre quelle profonde sympathie régnait entre ces deux natures si délicates.

Un autre ami avait alors également gagné l'affection d'Anatole, ami encore vivant aujourd'hui, après une longue et belle carrière militaire et politique, M. le général Robert, ancien député et sénateur de la Seine-Inférieure. Dans ses garnisons de France et d'Algérie, il entretint avec de Gallier une intéressante correspondance, pleine de cœur et d'entrain, où se manifestent des qualités de style peu communes. Lui aussi connaissait Anatole et s'efforçait de le prémunir contre ses tendances pessimistes, qui le portaient à ne voir la vie que sous le côté triste et douloureux. A ses yeux, le remède est dans la douce intimité de la famille, avec *ses effusions saintes*. Il termine l'année 1839 en lui écrivant :

« Je voudrais vous dire bien des choses qui me viennent à l'esprit quand je pense à vous, mon cher Anatole. Je voudrais vous montrer combien les agitations du monde laissent d'ennui et de dégoût, et combien la vie intérieure, calme et paisible de la famille offre plus de chance de bonheur ; si le bonheur existe quelque part en ce monde, il est là ; ne le cherchez jamais ailleurs, croyez-moi bien. Si vous vous lanciez jamais sur cette route rocailleuse et aride que nous autres nous parcourons, vous verriez, après peu d'années, qu'on laisse chaque jour quelque lambeau de son cœur aux ronces du chemin, qu'on y sème pas à pas ses illusions, ses espérances et sa volonté de bien faire. Le torrent nous entraîne et c'est à peine si l'on rencontre sur ses bords quelques branches amies où l'on peut se reposer de la course. Restez au port, mon ami, gardez-y le calme du corps et la paix du cœur : il n'y a rien après les effusions saintes de la famille. »

Mais, celui qui, dans ces années-là (1838-1841), avait toutes les préférences d'Anatole et avec lequel il avait contracté l'intimité la plus étroite, c'était son cousin Just-François-Joseph de Tournon. Doué des mêmes goûts, ayant les mêmes aspirations, ces deux natures vraiment d'élite se comprenaient admirablement, tout en gardant chacune sa personnalité. Si Anatole, très épris d'idéal et porté à la mélancolie, voyait trop la vie par son côté douloureux, Just au contraire était tout entier sous le charme de sa jeunesse, dont l'expansion n'était pas sans jeter ce vif éclat où se reflète une âme généreuse et pure. Il avait sur son ami un autre avantage, car loin d'être toujours resté renfermé dans l'horizon étroit d'un petit pays, il avait voyagé, vécu même à l'étranger, en Italie et à Rome. La perspective d'un pareil voyage souriait infiniment à de Gallier, surtout avec l'avantage inappréciable d'avoir pour compagnon de route un ami de cœur, qui, de plus, était un guide expérimenté, et dont le nom seul suffisait à donner accès dans la plus haute société. Ce voyage en Italie devint bientôt une réalité. A la fin du mois de mai 1841, nos deux voyageurs s'embarquèrent à Marseille, et le 5 juin ils arrivaient à Rome, Rome ardent objet de leurs désirs, et qui devait laisser dans l'âme d'Anatole de si profondes impressions et de si durables souvenirs. Il les a consignés en des pages remarquables, dont quelques-unes seulement ont été publiées dans un petit journal de province (1). Après tant d'autres, il a dépeint avec talent, l'aspect de Rome et de la campagne romaine, dont, plus que pas un, il a subi le charme incomparable. Ecoutons-le un instant :

« Quand on parcourt les plaines du Latium, la pensée se reporte involontairement à ce que nous racontent les voyageurs, de la désolation des campagnes de Babylone et de Ninive ; ce sont des aspects graves et solennels, des lignes monotones mais d'une singulière grandeur, des mouvements de terrain ondulés comme les vagues de l'Océan. Dans ces champs muets et arides, sur lesquels on dirait que la malédiction divine a passé, des moutons noirs broutent une herbe rare et flétrie ; le pâtre, vêtu de peaux de bêtes et armé d'une lance, conduit à cheval des troupes de buffles et de taureaux sauvages. De longues files d'aqueducs rompus dessinent leurs arcades dans le ciel ; çà et là se dressent des tombeaux, des tours crénelées, ruines et vestiges de tous les âges. Au nord, le Soronte, visible de tous les points du désert, détache son cône bleuâtre sur les pentes vaporeuses du Cimino ; à l'est, l'horizon est fermé par les deux chaînes des monts Sabins et des monts Albanes, couvertes de leurs verdoyantes parures de forêts, semés de jardins et de villas ; à l'occident et

(1) *L'Annonéen, Echo de l'Ardèche*, n^os des 13 avril, 20 avril, 27 avril, 4 mai et 29 juin 1843, sous le pseudonyme d'Onuphrius. Cf. la *Bibliographie* d'A. de Gallier, n°s III-VII. — Nos citations sont faites d'après le manuscrit.

au midi, dans un lointain nébuleux, roulent les flots bleus de la mer de Toscane. Dans la même direction, quelques points blancs étincellent au soleil ; ce sont les étangs salés de Macarère et d'Ostie. Le Tibre, jaune et lent, dont les rives sans verdure permettent à l'œil de suivre tous les contours, traverse en entier le paysage. La ville éternelle, avec ses monuments vieux et noircis, apparaît de loin comme une ruine gigantesque au milieu de tant d'autres ruines. »

Saint-Pierre l'a vivement ému, non par sa beauté architecturale ou par la richesse des détails, mais par l'impression profonde qui se dégage de son ensemble, si imposant dans ses grandioses proportions et dont la majesté même parle si éloquemment à toute âme humaine :

« A Saint-Pierre, toute admiration est impuissante ; ce n'est pas de ces lampes d'or sur ces autels de marbre et de pierreries, de ces splendides mausolées élevés par les premiers artistes du monde, de ces mosaïques qui promettent l'éternité aux chefs-d'œuvre des grands maîtres, ce n'est pas de cette magnificence inouïe que l'imagination est le plus vivement saisie, mais de ces proportions gigantesques et pourtant si harmonieuses qui font en quelque sorte comprendre l'infini. A mesure que l'on étudie les détails de l'édifice, il s'agrandit et prend des proportions effrayantes : ces statues, qui vous paraissent de grandeur naturelle sont colossales ; vous croyez qu'un coup de ciseau a suffi pour creuser cette moulure dans le marbre, vous vous en approchez : elle a dix pieds de haut. Vingt mille personnes rassemblées dans la basilique, aux fêtes solennelles, noircissent seulement le pavé ; là, tout vous parle de l'éternité et d'une autre vie. Les douleurs trop poignantes doivent se calmer un moment dans cet immense repos, et il semble que l'âme soit en communication plus immédiate avec Dieu dans le plus grand de ses temples. Il est impossible qu'un peu de paix et de foi religieuse ne descende pas dans le cœur de celui qui vient s'agenouiller à Saint-Pierre. »

Enfin, il nous livre ses impressions intimes, et, dans un beau langage, il parle en poète et surtout en chrétien convaincu :

« Il y a une impression qu'ont éprouvée tous ceux qui ont passé quelque temps à Rome : cette tristesse profonde qui d'abord s'était emparée de vous au milieu de ces ruines et de cette absence de bruit, se change bientôt en une mélancolie qui n'est pas sans charme ; vous trouvez chaque jour de nouveaux attraits dans cette ville unique au monde ; vous vous habituez à prier dans ses églises, à errer dans ses débris ; toutes ses pierres prennent pour vous une voix, comme autant d'êtres animés ; vous aimez les murmures de ses fontaines et de ses jets d'eau dans le silence de ses nuits sereines et de ses accablantes journées d'été, et lorsque vous êtes forcé de lui dire adieu, ce n'est pas sans lui laisser un souvenir éternel et une part de vous-même.

« Mais Rome excite chez les catholiques des émotions encore plus puissantes : la métropole de la Chrétienté, le siège du Pontife suprême qui a reçu le pouvoir de lier et de délier sur la terre et dans le ciel, parlent plus haut à son cœur que tous les monuments des arts, que tous les souvenirs de grandeur et de gloire humaines. Comme on l'a dit si bien, Rome est une véritable patrie pour tous ceux qui croient et qui espèrent. Noble et antique mère du catholicisme, reniée et méconnue dans nos jours d'orgueil et de doute par un si grand nombre de tes enfants, je me suis prosterné devant toi avec soumission et avec amour, car j'ai foi en la divine parole de Celui qui a promis que les portes de l'enfer ne prévaudraient jamais contre toi ! Les monarchies et les républiques sont successivement emportées au vent des révolutions. Dans notre vieille Europe, tout se transforme et tout change ; les gouvernements de la veille ne sont plus ceux du lendemain : toi seule, Rome chrétienne, continues à travers les siècles ta marche triomphante et assurée, dix-huit cents ans n'ont rien pu t'enlever de ton éternelle jeunesse et de ta beauté première ! »

De Gallier nous donne-là sa profession de foi chrétienne ; il la gardera toute sa vie, et nul ne parlera du christianisme et de ses dogmes avec plus de respect et de soumission.

Un mois entier — temps bien court ! — fut consacré

à la ville éternelle, dont nos voyageurs visitèrent en détail les monuments anciens et chrétiens. Plusieurs familles nobles les accueillirent avec empressement ; enfin, le pape Grégoire XVI leur accorda une audience privée, où il les bénit eux et tous les leurs. Le 10 juillet, il fallut dire adieu à tant de choses, et ce ne fut pas sans un véritable serrement de cœur. Le 12, ils étaient à Florence, et, peu de jours après, ils rentraient à Tain (1). Ce voyage si rapide laissa dans l'âme d'Anatole l'amour et comme le culte de l'Italie, cette terre privilégiée, dont les arts et la littérature exercèrent depuis sur son esprit une complète fascination. Il en goûta la langue harmonieuse qu'il parlait et écrivait fort bien. Dante lui était familier ; il le citait volontiers, jusqu'à en reproduire couramment de nombreux passages. Hélas ! une terrible épreuve lui était réservée, et leur beau voyage devait se terminer bien tristement ! Just de Tournon était revenu portant en lui le germe de cette fièvre perfide qui souvent, à Rome, saisit les étrangers, et aboutit parfois à une issue fatale. A peine arrivé à Tain il dut s'aliter, et bientôt, le mal empirant, il expira entre les bras de son ami désespéré (26 juillet 1841). La douleur d'Anatole ne saurait s'exprimer, et toujours il garda au cœur cette blessure cruelle. Peu de temps après (avril 1842), écrivant ses impressions de voyage, le souvenir de Just, qu'il ne cessait de pleurer, lui arrache des accents émus et d'une touchante éloquence ;

(1) De Florence, il écrit à sa tante Caroline une lettre fort intéressante, où il parle, en artiste et en poète, de la capitale de l'Ombrie. Au reste, il a toujours aimé passionnément Florence, et combien il avait raison !

« En me reportant par la pensée à ces beaux jours qui remontent seulement à quelques mois, et dont un abîme si profond me sépare déjà, en réunissant ces notes, une préoccupation constamment douloureuse s'est emparée de moi. C'est que l'homme remarquable, le parent et l'ami dont la vie s'était tellement trouvée mêlée à la mienne pendant le cours de ce voyage, m'a été ravi, en rentrant en France et avant même d'avoir pu retrouver sa famille...

« Tous ceux qui ont connu Just de Tournon savent quelle intelligence élevée, quelle maturité de jugement, quel bel avenir de travaux et de gloire il y avait dans ce jeune homme enlevé à vingt-six ans et en quelques heures à la carrière brillante qui s'ouvrait devant lui. Mais très peu de personnes ont pu apprécier comme moi cette âme noble et toujours portée au bien, cette passibilité profonde, et cette bonté de cœur qui le faisait chaque jour aimer davantage. Hélas ! de tout cela, ainsi que de ces grâces entraînantes de l'esprit et de l'ensemble des qualités sérieuses qui font l'homme supérieur, que nous reste-t-il autre chose qu'un regret et un deuil éternel ! » (1).

Voilà comment il aimait. *Ecce quomodo amabat eum !* (2).

(1) Manuscrit. — A. de Gallier a publié une Notice sur Just de Tournon, dans *Le Réparateur, Journal du Lyonnais, du Forez et du Beaujolais*, Nº du 15 août 1841. — Cf. la *Bibliographie*, Nº II.

(2) Joan. XI, 36.

Son âme de poète ne pouvait rester insensible ; sous le coup de la douleur, la vie lui sembla plus amère, et, la croyant même désormais brisée, il écrivit :

Le vent murmure aux feuilles dispersées,
Et dans mon cœur s'amassent des pensées
Pleines de deuil et de douleur ;
Sous le pressentiment d'un destin qui s'achève
Je promène mon triste rêve
Qui ne parle plus de bonheur.

Vers mon passé détruit, je tourne un œil de doute ;
Nul astre n'a brillé pour me montrer ma route,
Je n'ai plus foi dans l'avenir ;
Tout est flétri, la vie est morne et sombre ;
Las de traîner mes pas dans l'ombre,
Je demande à Dieu de mourir !

Pourtant, il reprit courage, et divers travaux littéraires opérèrent en son esprit une heureuse diversion. Outre la publication de ses souvenirs de voyage, faite en 1843, et une nouvelle : *Le fou de San Servolo*, parue en 1846 (1), il tourna son attention vers l'Allemagne, dont l'évolution littéraire, si accusée alors et depuis, suscitait toute une pléiade de philosophes, d'historiens et de poètes, de croyances et d'inspirations très mêlées, et que de Gallier étudia avec une prédilection marquée. Il les lut attentivement et sut très judicieusement en constater les côtés vraiment beaux ou défectueux, et

(1) Dans *La Semaine*, à Paris, N°s du 8 et du 15 mars 1846, sous le pseudonyme d'Onuphrius. Cf. la *Bibliographie* N° VIII.

cela avec un sens critique très développé. De là plusieurs articles de Revues, notamment dans *Le Correspondant*, travaux substantiels, qui témoignent d'une maturité d'esprit surprenante et d'une profondeur de vues peu commune. Nous citerons surtout : *La Réforme et la Révolution. Introduction à l'Histoire du XIXe siècle, par Gervinus. Ecrivains contemporains de l'Allemagne. Oscar de Redwitz* (1). Dès 1847, il publiait, dans la *Revue indépendante*, sous le pseudonyme de Saint-Martin, une curieuse étude sur les chants et les récits populaires de l'Allemagne, et, la même année, *Le Correspondant* insérait de lui un intéressant compte-rendu sur un livre de Karl Grun : *Gœthe au point de vue humanitaire* (2). Mais son travail le plus important comme le plus remarquable, dans le même ordre d'idées, fut *Le Parlement de Francfort et ses relations diplomatiques avec la République française* (3). Nulle part, peut-être, chez de Gallier, le penseur n'a été plus clairvoyant, car, à cette date (1852), il entrevoyait déjà la déchéance de l'Autriche et, dans un avenir peu éloigné, la prépondérance de la Prusse, et tout cela en des pages parfaitement écrites, qui valurent, à leur auteur, des éloges aussi flatteurs qu'autorisés.

Emile Deschamps lui écrivit, de Versailles, le 9 mai 1852 :

(1) Dans *Le Correspondant*, No de septembre 1853. Cf. la *Bibliographie* No XVI

(2) No de novembre 1847. — Cf. la *Bibliographie*, No X.

(3) *Le Correspondant*, Nos de mars et avril 1852. — Cf. la *Bibliographie* No XV.

« Votre publication sur le *Parlement de Francfort* restera comme un livre de politique et de philosophie transcendantes. Je l'ai lue d'abord avec ardeur, je l'ai relue ensuite avec cette attention qui savoure ce que la première impression avait dévoré. Je ne saurais vous dire à quel point vous avez éveillé mes plus profondes sympathies, par la justesse des vues, la hauteur des pensées, la grande moralité des jugements, et le charme du style : vous tenez tout ce que j'avais prévu quand vous étiez presque enfant, et mes prévisions allaient loin ! Bravo pour ce nouvel ouvrage qui classe votre nom parmi ceux des publicistes les plus éminents, et merci d'un souvenir précieux que je mérite du moins par celui dont vous ne cesserez d'être l'objet au milieu de nous. »

Mais le cours de ses idées allait le porter ailleurs. Confiné en province, dans sa petite ville natale, il y vécut sans bruit, et, bientôt, curieux du passé de son pays, il sentit le besoin de l'interroger et de le connaître, et il se laissa volontiers entraîner dans le mouvement des études historiques qui, en Dauphiné comme ailleurs, s'est dessiné et affirmé avec un succès toujours croissant. De Gallier y prit une part importante, et qui se traduisit autant par son influence personnelle que par de savantes publications. Ce sera la seconde période de sa vie, celle par laquelle il nous appartient tout entier.

II

La vie d'Anatole de Gallier. — La République de 1848 à Tain. — Il est élu au conseil municipal. — Il refuse de prêter serment à l'Empire et démissionne. — Son mariage. — Il juge avec clairvoyance la politique néfaste du gouvernement. — Visite au comte de Chambord. — A. du Boys. — L'école Catholique libérale. — Préférences pour Mgr Pie évêque de Poitiers. — Parallèle entre Mgr Dupanloup et L. Veuillot (fragment inédit). — Chute de l'Empire. — Il est de nouveau élu au conseil municipal. — Fidélité inébranlable à ses convictions.

Avant de montrer toute la part prise par de Gallier au mouvement intellectuel dans notre province, il convient dès maintenant, et pour n'avoir plus à y revenir, d'exposer ce que l'on est convenu d'appeler le *curriculum vitæ*, c'est-à-dire le cadre dans lequel s'est déroulée une vie qui, par plusieurs endroits, a su s'élever bien au-dessus de la moyenne, et tracer un sillon dont la postérité gardera le souvenir.

Disons tout d'abord que, royaliste par naissance comme par conviction, il resta fidèlement attaché aux principes religieux et monarchiques, au regard desquels il ne transigea jamais, fidèle en cela à sa belle devise : *spem mutare nescio*. La franchise et l'honnêteté, dont il donna toujours l'exemple en des temps troublés comme les nôtres, où ces grandes vertus sont singulièrement discréditées et amoindries, ne cessèrent d'inspirer toutes ses actions dans sa modeste sphère d'homme public et de citoyen, et lui valurent bien vite l'estime et la confiance de tous ses compatriotes, de ceux mêmes qui étaient loin de partager ses opinions.

La République de 1848 avait été accueillie à Tain dans un sens nettement conservateur et religieux. Les élections municipales s'y firent alors sur une question scolaire : Faut-il confier l'école communale de garçons aux Frères des Ecoles chrétiennes ? Une majorité écrasante vota pour l'affirmative : de Gallier et le marquis de Cordoue étaient élus en tête de la liste. Ce dernier, ancien pair de France, fut aussitôt nommé maire.

Au mois d'août suivant, on planta, sur la place du Taurobole, un arbre de la liberté, qui fut solennellement béni par le vénéré M. Mallent, curé de Tain. Puis, sur cette même place, un banquet populaire termina la fête, sous la présidence acclamée des deux autorités civile et religieuse, que la population entière ne cessait d'entourer d'une respectueuse sympathie.

Ajoutons que le marquis de Cordoue, par la dignité de sa vie et ses admirables qualités de cœur, avait justement gagné l'affection de tous. Aussi sa mort qui arriva l'année suivante (novembre 1849) fut-elle pour la ville de Tain un véritable deuil public, et ses funérailles donnèrent lieu à une démonstration unanime de douleur et de regrets. A. de Gallier s'en fit l'interprète autorisé, et, au cimetière, devant une foule immense et recueillie, il parla avec une émouvante éloquence de ce grand chrétien, bienfaiteur insigne du pays, véritable père des pauvres, et dont le souvenir, après un demi-siècle, est resté fidèlement gardé par tous les survivants de cette époque déjà lointaine (1).

Peu après, une autre épreuve était réservée à de Gallier : le 18 avril 1850, il perdit son père. Ici encore la douleur publique fit écho à la sienne, et le préfet de la Drôme, M. Ferlay, lui en écrivit dans les termes suivants :

Valence, le 23 avril 1850.

MONSIEUR,

La société et la ville de Tain en particulier ont fait, en quelques mois, deux pertes qui laissent un vide immense dans les rangs des hommes de bien, car tous les deux avaient marqué leur passage sur cette terre par l'honneur et la charité. Toujours au-dessus de l'agitation qui tourmente notre pauvre pays, ils ne plongeaient leurs regards dans la foule, souvent malveillante, que pour y chercher des misères à secourir. Dieu, en les recevant dans son sein, leur a donné la véritable et éternelle récompense. Je comprends votre douleur, Monsieur ; elle est bien légitime : on ne se sépare pas d'un père si digne de respect et d'amour, sans que le cœur ne soit brisé. Mais vous avez cet avantage sur bien d'autres que, dans

(1) Discours prononcé aux funérailles de M. le marquis de Cordoue, dans *Le Courrier de la Drôme et de l'Ardèche*, du vendredi 7 décembre 1849.

le livre de l'histoire de votre père, vous ne trouvez pas une page, une ligne, un mot à effacer ; vous pouvez donner sa vie en exemple aux hommes qui veulent être de bons chrétiens et de bons citoyens ; enfin, vous trouverez encore une satisfaction personnelle dans cette justice que vous pouvez vous rendre ; c'est que vous avez adouci les douleurs physiques de celui qui devait être bien heureux d'avoir un fils aussi parfait que vous, permettez-moi de le dire dans toute la sincérité de mon âme.

Je vous prie, Monsieur, de faire agréer à Madame votre mère l'expression de mes hommages respectueux, et veuillez l'assurer que j'ai pris la part la plus vive à votre douleur commune.

J'ai l'honneur d'être avec une haute considération, Monsieur, votre très humble et très dévoué serviteur.

FERLAY.

Cependant les événements se précipitaient, et, au mois de décembre de l'année suivante (1851), le coup d'Etat, puis la proclamation de l'Empire, n'étaient guère faits pour contenter, en de Gallier, le royaliste fidèle et convaincu. Ne voulant pas, comme simple conseiller municipal, prêter aucun serment au nouveau régime, il préféra se retirer. En conséquence, il donna sa démission et, pendant toute la durée de l'Empire, il se tint complètement à l'écart (1).

(1) En 1867, un groupe nombreux d'hommes influents et honorables, quoique d'opinions différentes, songea à lui pour le Conseil général, afin de faire échec au candidat officiel.

Malgré les plus pressantes sollicitations et la *perspective* d'un succès très probable, il refusa, toujours pour le même motif : ne pas prêter serment à l'Empire.

Ce fut alors qu'il songea à fixer sa vie en fondant son foyer. Le 17 septembre 1857, il épousa Jeanne-Claire-Amélie, fille de M. Lesne de Molaing, receveur général des finances du département de l'Ain (1). Cette union fut bénie à Bourg par Mgr de Langalerie, évêque de Belley, qui prononça une délicate et touchante allocution. Mme de Gallier avait été élevée à Orléans où, comme tant d'autres femmes de distinction, elle avait reçu la haute direction spirituelle de Mgr Dupanloup, qui ne l'oublia pas dans une pareille circonstance :

Mon enfant, je ne saurais assez vous féliciter de cet heureux mariage. J'en ai fait faire aussi mes compliments à M. de Gallier. Je prierai de tout mon cœur pour cette bonne et chrétienne union. Vous savez mon profond et religieux dévouement.

† Félix, *évêque d'Orléans.*

Si de Gallier n'avait aucune sympathie pour le gouvernement impérial, c'est que son affection et ses vœux allaient ailleurs, vers le représentant de la monarchie légitime, le comte de Chambord, qu'il eut l'honneur et la joie de saluer à Lucerne, pendant l'été de 1861. Il en reçut un accueil aussi flatteur que mérité, et le prince lui fit écrire pour le remercier et lui dire combien il avait en haute estime sa fidélité à toute épreuve.

En cette même année 1861, se produisit un incident politique qu'il sut apprécier mieux que personne : dans

(1) Voir la Généalogie, *Pièces justificatives,* N° 1.

un discours au Sénat, à propos de l'Algérie, le prince Napoléon avait été maladroitement injuste pour la famille d'Orléans. Le châtiment ne se fit pas attendre, et il fut sanglant. Le duc d'Aumale répondit, et, dans sa fameuse *Lettre sur l'Histoire de France*, à force d'éloquence et de vérité, il accabla le *César déclassé* et tout son entourage. Le coup portait droit, et rien n'en put guérir la cruelle blessure ! La lettre, interdite et saisie par la police, eut naturellement un succès immense. De Gallier put se la procurer, et lui et ses amis s'en firent un vrai régal. Il faut voir comme ils en parlent dans leurs correspondances, et comme leur fidélité royaliste y trouve un contentement d'autant plus grand qu'il était inespéré !

Au reste, de Gallier était alors de ceux qui, avec une patriotique perspicacité, comprenaient et disaient ouvertement combien la politique extérieure du gouvernement était inhabile, imprudente, et, en définitive, très funeste aux vrais intérêts de la France. L'intervention en Italie, la destruction successive de tous les petits Etats qui se partageaient la péninsule, l'unité territoriale qui en devait résulter, tout cela, écrivait-il à ses amis, allait être gros de conséquences et se paierait cher. Hélas ! il ne pensait pas si bien prévoir, ni à si brève échéance ! Dans les années qui suivirent (1862-66), le principe des nationalités, réalisé chez nos voisins des Alpes, trouvait aussi son application chez nos voisins du Rhin, et, par une logique implacable, l'unité de l'Allemagne se formait tout comme s'était formée l'unité de l'Italie. Le danger ne pouvait plus être mis en doute, et il était dû à une étrange aberration qui avait imprudemment rompu avec les grandes traditions de la politique française, inaugurée par Henri IV et Richelieu, et fidèlement continuée par Mazarin, l'ancien Régime et même la Révolution, et dont l'objectif essentiel était de conserver avec soin, sur nos frontières, une foule d'Etats secondaires, séparés les uns des autres, sinon toujours par le sol et la race, du moins par une complète divergence d'intérêts moraux et matériels.

Voilà ce que pensaient et écrivaient alors de Gallier et ses amis, et leur correspondance très explicite à cet égard, accuse une pénétrante clairvoyance, qu'un avenir très proche devait singulièrement justifier !

L'inique spoliation du Saint-Siège avait profondément ému tous les catholiques, et de Gallier ne laissait échapper aucune occasion, soit par lettres, soit par conversation, d'en témoigner sa vive et légitime indignation. Nous en rapporterons un exemple significatif : Au mois d'octobre 1860, assistant à Tain à un dîner où se trouvaient plusieurs personnages officiels assez en vue, la conversation ne tarda pas à se porter sur les brûlantes questions du jour, notamment sur la question romaine. Quel ne fut pas son étonnement d'entendre un grand vicaire de Valence, M. David, depuis évêque de Saint-Brieuc, prendre la défense de la politique impériale en Italie, et affirmer que l'administration des Etats de l'Eglise était tellement déplorable et livrée à tant d'abus séculaires, qu'il ne fallait pas craindre de voir, dans les événements contemporains, un juste châtiment, destiné, après tout, à amener des réformes très nécessaires. — Pour le coup, de Gallier n'y tint plus : « Monsieur l'abbé, lui dit-il, vos assertions sont au moins très risquées, et, fussent-elles exactes, le moindre sentiment des convenances aurait dû vous dire que ce n'était pas à vous à les produire en public. En tout cas, si un prêtre, et surtout un grand vicaire, peut tenir un pareil langage, comment nous, simples fidèles, pourrions-nous prendre la défense du pouvoir temporel de la papauté, indispensable à la pleine indépendance du chef de l'Eglise ? Vous me permettrez de croire que l'iniquité commise contre le Saint-Siège ne saurait trouver la moindre excuse dans l'explication que vous venez de nous donner. »

On pense si l'émotion fut grande ! Mais lui, n'écoutant que la voix de sa conscience, avait passé par dessus tout, sans tenir compte de rien. Au reste, quand l'honneur et la dignité humaine étaient en jeu, aucune considération n'aurait été capable de l'arrêter pour si peu que ce soit.

Sur les hommes et les choses de ce temps, de Gallier a esquissé des portraits saisissants de vérité, sous une forme caustique, d'une fine souplesse et où l'esprit ne perd jamais ses droits. C'est ainsi qu'il flagelle l'hypocrisie gouvernementale vers 1861, et qu'il dépeint un personnage, Polydore, lequel, à peine sorti de la roture, fait sonner bien haut sa récente noblesse, et se courbe devant le pouvoir qu'il flatte bassement pour mieux arriver.

Son attention se portait encore ailleurs, vers un ordre d'idées autrement plus élevées et plus dignes d'intérêt. Les grandes questions religieuses qui, sous le second Empire, ont si fort préoccupé les catholiques français, et les ardentes controverses qu'elles amenèrent, avaient eu à Tain même un certain écho. Là, en effet, habitait un vieil ami de Mgr Dupanloup, Albert du Boys, qui eut l'insigne honneur d'offrir, chaque année, une respectueuse et cordiale hospitalité à l'évêque d'Orléans, dans son château de la Combe près de Grenoble. Cette hospitalité, l'évêque la retrouvait encore à Tain, au milieu de la famille de son ami. Mme du Boys, née de Larnage, était une femme d'une rare distinction d'esprit ; son grand air joint à une aimable simplicité, charmait tout d'abord, et, en la voyant, on se rappelait instinctivement le portrait de la femme forte tracé dans les Saints Livres. Les leçons de ce foyer si chrétien ne furent pas stériles : Mlle Netty du Boys, à qui rien n'a manqué des vertus de sa mère, a donné la mesure de son talent dans des œuvres d'une valeur peu commune. De ses deux frères, l'un fut baptisé par le P. Lacordaire dans l'église paroissiale de Tain ; l'autre, devenu magistrat, portait le nom de l'évêque d'Orléans, qui lui apprit lui-même à servir la messe.

La plupart des catholiques en renom qui formaient l'école libérale se sont souvent rencontrés sous le toit hospitalier d'A. du Boys, soit à Tain, soit à la Combe. On devine aisément qu'A. de Gallier était un des habitués de la maison, où il était accueilli avec un empressement marqué. Là, dans le beau et grand salon qui domine le Rhône, il trouvait les éléments d'une société de choix. Hommes et femmes du monde, savants et littérateurs, prêtres et religieux, évêques et même cardinaux, qui tour à tour ont fréquenté et aimé la demeure d'A. du Boys, n'étaient pas peu surpris de rencontrer dans ce petit coin de province un homme qui, sous des apparences très modestes, savait déployer, le plus simplement du monde, de merveilleux talents de causeur aimable, de lettré érudit et de penseur chrétien.

Cependant, il est juste de dire que de Gallier était loin de partager toutes les opinions de ses amis. Sans doute, il admirait sincèrement le zèle et le talent de Mgr Dupanloup, non moins que la noblesse de ses sentiments et son magnanime courage à défendre les droits de l'Eglise. Mais il se rendait très bien compte que l'enthousiasme parfois excessif des amis et des disciples du prélat, l'avait un peu surfait, et que si quelqu'un avait bien les défauts de ses qualités, c'était, à coup sûr, le chef plus brillant que solide de l'école libérale. Un autre évêque lui était apparu comme réalisant l'idéal de l'autorité épiscopale et de la sûreté de doctrine, on a nommé Mgr Pie, évêque de Poitiers. A tout prendre, le cardinal Pie restera comme la plus grande figure de l'épiscopat français au XIXe siècle. Deux bons juges assurément, le pape Pie IX et le comte de Chambord, en ont pensé ainsi, et ils l'avaient en singulière estime. Voilà qui suffit à expliquer la préférence d'A. de Gallier.

Il a esquissé lui-même un parallèle entre Mgr Dupanloup et son principal contradicteur, L. Veuillot.

Le morceau est inédit, et mérite d'être cité :

« Dans les lacunes de la première éducation de L. Veuillot, nous retrouvons quelques-uns de ses défauts et aussi le secret de sa force. Il avait jailli du peuple à la façon des journalistes révolutionnaires et des pamphlétaires de la ligue, avec le mépris des sous-entendus oratoires et des développements de la pensée, talent plus énergique que délicat, allant d'un bond à l'extrême, semblable à l'athlète étouffant son homme dans la première étreinte. Venu tardivement, le latin avec tout son bagage classique n'avait rien pu sur ce souffle de puissante et cruelle ironie, sur cette langue gauloise, crue et savoureuse, qui est celle des lutteurs des époques ardentes, mélange de Voltaire et de Rabelais. Veuillot jetait devant lui sa parole comme une torche enflammée, sans se préoccuper de savoir jusqu'où porterait l'incendie. Avec le tempérament d'un novateur, il mit au service de Dieu son glaive de polémiste et apporta à défendre la religion la furie de ceux qui l'attaquent. Pour glorifier l'Eglise catholique, à laquelle il resta attaché du fond des entrailles, il suscita une véritable petite Eglise, et prétendant imposer une sorte de *jansénisme romain* même aux évêques, il rencontra Mgr Dupanloup. Pendant près d'un demi-siècle, entre ces deux serviteurs dévoués de la même foi, adversaires irréconciliables, la catholicité se partagea ; Rome même eut ses hésitations et ses retours. Mais au fond, sur le terrain essentiel de la doctrine, la cause de Veuillot était la bonne, et elle triompha. Ce qui n'empêche pas de reconnaître les défauts comme les qualités de son vigoureux et redoutable défenseur, qui bataillait tout d'une pièce. L'évêque était de son temps ; il possédait, avec la science des tempéraments, l'instinct du gouvernement, bien qu'il fût très autoritaire, ce qui était un peu le fait des libéraux, et, sous un roi chrétien, il eût été peut-être un ministre de quelque valeur. Il était maître dans l'art de diriger les consciences que son zèle ardent attirait, non sans quelque naïf engouement ; enfin, il savait s'emparer du cœur de la jeunesse avec un charme incomparable. Chacun de ses écrits retentissants devenait un acte. Domptant l'énergie de sa nature, il savait, avec la dignité de son caractère et la souplesse de sa parole, parer les coups du grand écrivain son contradicteur. Imaginez le sage Fénelon aux prises avec un Joseph de Maistre démocratique, à l'accent faubourien.

« Le soldat laïque de la papauté appartenait vraiment au moyen âge, où il eût joué un rôle parmi les conjurés des communes qui, en même temps qu'ils bâtissaient des cathédrales, secouaient la domination de l'abbé du monastère voisin. Par ses thèses absolues et tranchantes, il se plaisait à irriter l'opinion moyenne. Bientôt hostile au pouvoir impérial qu'il avait d'abord acclamé, et dont il bravait les rigueurs avec un désintéressement héroïque, il s'inquiétait peu de la fréquence de ses variations politiques, ne comptant, comme jadis les Florentins, que par les années du règne de Jésus-Christ. Tandis que Mgr Dupanloup ramenait à Dieu les gens du monde, c'est dans les rangs des prêtres de campagne que L. Veuillot soulevait les plus ardents enthousiasmes. Issu comme eux du peuple, il connaissait leurs besoins et partageait leurs aspirations, leur montrant volontiers le pape au-dessus de leur évêque. L'âpre saveur de son beau et rude langage, qui contrastait étrangement avec la prudence un peu décolorée de la littérature ecclésiastique dans laquelle ils avaient été formés, leur fut un attrait de plus vers ce défenseur assez inattendu. Evidemment, l'avocat du clergé inférieur, pas plus que ses honorables clients, ne se sont rendu un compte bien exact de cette véritable innovation et du danger, pour l'avenir, avec un laïque d'une orthodoxie moins sûre. Au moyen âge, les églises avaient, sous le nom d'avoués et de vidames, des chevaliers qui, le casque en tête, soutenaient leurs droits ; mais on n'a jamais ouï dire qu'ils eussent commis une immixtion quelconque en matière spirituelle.

« Quelles qu'aient été les violences et les injustices dont les écrits de Veuillot sont semés, on ne peut refuser une part d'admiration et de sympathie à ce qui est fort et convaincu, à cet archevêque Turpin cognant de la massue dans l'ivresse de la bataille, à ce chrétien vraiment original, négligeant trop la charité pour mettre l'audace et le courage au premier rang des vertus.

« Au point de vue politique, on reconnaît la trace des idées modernes dans les deux courants opposés ; tandis que l'école de Lacordaire et de Montalembert s'est surtout préoccupée de la liberté, le rédacteur de l'*Univers*, en affaiblissant le pouvoir des évêques, semble avoir travaillé plutôt pour l'égalité. Mais l'Eglise ne se prête pas à ces transformations, car sa divine constitution la met à l'abri des conceptions si variables et si éphémères de l'esprit humain.

« Le rôle et l'influence de ces deux hommes ont donc été très opposés et très intenses, et si on les aborde par un autre endroit qui est le côté purement littéraire, nul doute que Veuillot ne l'emporte et de beaucoup, et qu'il ne doive figurer parmi les meilleurs prosateurs de notre temps. La publication posthume de sa correspondance constitue peut-être son plus grand titre littéraire.

Elle a fait entendre une autre note, dont il faut tenir compte, en montrant, non sans éclat, quels contrastes étranges il y avait dans ce chrétien, maniant la raillerie avec un art sanglant, et, en même temps, laissant déborder de son cœur des trésors de bonté et de délicatesse, que ne faisaient guère soupçonner ses autres écrits, ni surtout les luttes ardentes où il déploya tant de rudesse et de courage. »

Pendant les dernières années de l'Empire, de Gallier et ses amis ne cessaient d'échanger leurs sentiments et leurs vues sur les événements qui, en se précipitant, présageaient de plus en plus un avenir redoutable. Ils se demandaient, et non sans anxiété, où l'on allait et quelle catastrophe serait le châtiment de tant d'aveuglement et de tant de maladresse. On sait ce qui en fut et comment sombra le régime impérial au milieu de désastres militaires sans précédents, laissant la France vaincue et envahie.

Pendant la guerre, un Comité s'était formé à Tain, pour venir en aide aux enfants du pays blessés ou prisonniers. De Gallier en était l'âme, et, grâce à sa charité et aussi à ses démarches personnelles en Allemagne, il réussit à faire parvenir de précieux secours en argent et en vêtements à nos malheureux captifs qui souffraient cruellement du froid et de la faim. Sa belle conduite lui valut la reconnaissance de tous les habitants, surtout des pères et des mères de famille, et Mme la comtesse de Flavigny, présidente de la Société de secours aux blessés des armées de terre et de mer, lui écrivit une touchante lettre pour le remercier de son généreux dévouement.

D'autre part, certains faits de la vie locale lui permirent de constater que l'estime et la confiance de ses compatriotes lui étaient complètement acquises. Lors de la formation de la garde nationale, à l'unanimité des suffrages, il fut nommé capitaine de sa compagnie ; comme aussi, aux élections municipales de 1871, — les premières après l'Empire, — son nom sortit en tête de la liste, liste unique au reste. Ce simple détail a son éloquence.

Les nouveaux élus étaient des gens de bien et d'ordre. L'un d'eux cependant avait des idées un peu avancées, et, un jour, dans une réunion du Conseil, ce collègue assez mal embouché parla à de Gallier sur un ton qui n'avait rien de commun avec la plus vulgaire politesse. De Gallier, qui n'avait pas à se commettre avec un tel personnage, se retira et envoya sa démission. Le maire, parfaitement bien élevé, s'efforça de le faire revenir sur sa détermination, ce fut inutile. Toutefois, il avait obligé le délinquant à écrire une lettre d'excuse, ce que celui-ci fit, en se qualifiant pompeusement de libre-*panseur*. De Gallier, qui n'était jamais en retard, lui répondit : « Vos excuses étaient au moins inutiles, car vous êtes certainement incapable de m'offenser. La raison vous en échappera sans doute, puisqu'elle découle de l'orthographe même dont vous jugez à propos de rehausser votre profession de foi, vous rendant ainsi involontairement pleine et entière justice. »

Le plus beau de l'affaire, c'est que cette réponse fut prise pour un compliment ! Depuis lors, à chaque nouvelle élection municipale où il consentit à laisser présenter son nom, la majorité lui resta fidèle, jusqu'au jour où il se retira définitivement du pays pour aller habiter Nice.

Entre temps, il avait eu l'occasion de faire entendre sa voix à ses compatriotes dans une triste circonstance. M. Mallent, curé de Tain depuis trente-quatre ans, venait de mourir, pleuré par tous ses paroissiens sans exception, et le 21 janvier 1874, ses funérailles furent un véritable triomphe.

Toute la population l'accompagna au cimetière, et lorsque furent terminées les dernières prières, de Gallier, en qualité de président de la Fabrique, prit la parole. Son langage, plein de foi et de cœur, émut profondément la foule, surtout lorsqu'il montra la charité sans bornes du saint prêtre, qui, pendant son long et laborieux ministère, avait donné peu à peu tout son patrimoine aux pauvres (1). Jamais de Gallier n'avait mieux parlé. Ainsi avait-il fait vingt-quatre ans auparavant pour M. de Cordoue. Ainsi le fera-t-on un jour pour lui-même !

Quel que fût le cours des événements, rien ne put

(1) *Funérailles de M. Mallent, curé-archiprêtre de Tain (Drôme), 21 janvier 1874.* Dans *l'Ordre et la Liberté de Valence*, du 23 janvier 1874. — Réimprimé à Tournon.

Le succès d'A. de Gallier avait été si complet, que pour satisfaire au désir de la population, il dut donner une nouvelle édition de son discours, car chaque habitant en voulait un exemplaire comme souvenir du bon M. Mallent.

ébranler ses convictions, et, malgré tout, il resta fidèle à son drapeau ; sur ce point, il fut vraiment intransigeant. Ce n'est pas qu'il n'admît qu'on pouvait fort bien avoir des opinions opposées aux siennes, loin de là. Il les comprenait parfaitement et les respectait de même, car il était très tolérant et d'une largeur d'idées peu commune.

Dans l'écroulement de ses espérances royalistes, il ne voyait pas seulement l'avortement d'une restauration monarchique, seule capable, à son sens, de relever la France, ses vues allaient plus loin et plus haut. Pour lui, l'établissement du régime démocratique devait amener, avec la déchristianisation du pays, sa déchéance morale et, dès lors, sa désunion et son émiettement. Du moment, pensait-il, qu'on supprime les principes chrétiens et qu'on est impuissant à les remplacer, on aboutit forcément à l'anarchie dans les esprits. Les peuples civilisés comme les individus ont besoin de Christianisme, ils ne s'en passent pas impunément : tôt ou tard ils en portent la peine ! On ne voit pas bien aujourd'hui que les événements lui donnent tort.

Maintenant que l'on connaît les faits principaux qui forment, à proprement parler, la biographie d'A. de Gallier, nous allons l'étudier dans sa vie de lettré et d'érudit, et nous rendre compte des divers travaux qui en ont été la manifestation publique.

III

Le mouvement des sciences historiques en Dauphiné pendant le xixe siècle. — La Société d'Archéologie de la Drôme. — Son heureuse influence. — De Gallier en est le président. — Concours de 1869. — Ses publications sur l'histoire locale. — Ses travaux de critique littéraire.

Si l'on met à part les premières productions d'A. de Gallier, ses *Juvenilia* comme il les appelait, on constate que sa vie intellectuelle a formé deux courants assez nettement tranchés : son attention s'est d'abord portée sur l'histoire provinciale, puis, elle est allée ailleurs, s'ouvrant un horizon plus vaste et plus intéressant, l'histoire même de la Révolution. Entre temps, il a abordé certains sujets de critique littéraire assez variés, inspirés par les circonstances. Je voudrais dire ici tout ce que fut exactement cette œuvre de lettré et d'érudit.

De Gallier estimait, et non sans raison, que le Dauphiné, quoiqu'on en ait pu prétendre, n'avait guère été, dans le passé, un pays bien remarquable sous le rapport des lettres et des arts ; aussi, à ce double point de vue, n'a-t-il occupé qu'une situation notoirement inférieure. C'est ainsi que l'architecture religieuse du moyen âge, qui a peuplé la France de tant de chefs-d'œuvre incomparables, n'est représentée chez nous que par quatre monuments de quelque importance, à Vienne, à Valence, à Romans et à Saint-Antoine, et encore sont-ils, l'un de second, et les autres de troisième ordre. Quant à l'ancienne capitale de la province, sa pauvreté à cet égard est trop évidente, pour pouvoir être contestée. Enfin, pendant que le génie français, au XVIIe siècle, jetait un si vif éclat dans le plus grand âge de notre langue, chez nous aucun nom n'est à citer qui ait su s'élever au-dessus d'une déplorable médiocrité. L'isolement dans les montagnes, la difficulté des communications et, dès lors, la pénurie des ressources, pourraient peut-être expliquer un tel état de choses, surtout si l'on remarque que la vallée du Rhône, dans de tout autres conditions, étant plus en contact avec le dehors, en recevait mieux les inspirations.

Mais les qualités comme les défauts de la race, le courage, la finesse, l'astuce et l'amour de l'indépendance se retrouvaient ailleurs, en des hommes de guerre, de diplomatie et, plus tard, de négoce, voire même de révolution.

Ce ne fut qu'au XIXe siècle, et après 1830, que commença à se dessiner un sérieux mouvement intellectuel, qui depuis est toujours allé grandissant. Dans les arts, la peinture notamment a trouvé des interprètes dont quelques-uns de grande valeur, en même temps qu'un essor non moins accentué et plus généralisé a été imprimé aux études historiques, les seules en cause ici.

Jusqu'à cette dernière date, on ne trouve qu'un érudit dauphinois, Valbonnais, dont l'œuvre mérite d'être retenue (1). Quant à l'historien Chorier (2) et à son contemporain Guy-Allard (3), leurs indigestes compilations peuvent bien encore figurer dans nos bibliothèques, mais à titre simplement de curiosités plus ou moins rares, car le progrès constant de la critique, par l'application exacte et rigoureuse de la méthode scientifique, ne permet plus de leur accorder aujourd'hui la moindre autorité.

Ce fut un Valentinois, Jules Ollivier (4), qui le premier entra résolument dans la voie en fondant la *Revue du Dauphiné* (5). Son goût pour la science de l'histoire s'était déjà manifesté (1831) par des *Essais historiques*

(1) Morêt de Bourchenu (Jean-Pierre), marquis de Valbonnais, né à Grenoble en 1651, mort en 1730. Parmi ses publications, il convient de citer ses *Mémoires pour servir à l'histoire du Dauphiné sous les Dauphins de la maison de La Tour du Pin* Paris, 1711, in-fol.

L'auteur reprit ce premier travail, et lui donna plus d'ampleur, sous le titre de *Histoire du Dauphiné et des princes qui ont porté le nom de Dauphins, particulièrement ceux de La Tour du Pin*, etc. Genève, 1722, 2 in-fol. — Cf. A. Rochas, *Biographie du Dauphiné*.

(2) Nicolas Chorier, né à Vienne en 1612, mort en 1692, a composé de nombreux ouvrages, notamment : *Histoire générale du Dauphiné* en 2 in-fol. — Cf. A. Rochas, *Biographie du Dauphiné*.

(3) Guy-Allard, né à Grenoble en 1635, mort en 1716, s'est beaucoup occupé de généalogies et a laissé de nombreux manuscrits conservés aujourd'hui à la Bibl. de Grenoble. De notre temps, on a publié son *Dictionnaire historique, chronologique, géographique*, etc., du Dauphiné, 2 in-8°. Il faut avoir bien du temps à perdre pour lire un pareil fatras. — Cf. A. Rochas, *Biog. du Dauph.*

(4) Né à Valence en 1804, mort en 1841, à la Tronche près Grenoble, Cf. A. Rochas. — M. le chanoine Auvergne, qui l'a connu sur la fin, nous a raconté qu'il fit une mort chrétienne très édifiante, et voulut mourir sur la cendre.

(5) Valence, Borel, 1837-39, 6 vol. in-8°.

sur la ville de Valence (1). Il convient de dire que trois ans auparavant, Alfred de Terrebasse (2) avait publié une *Histoire du chevalier Bayart*, justement remarquée. Grâce à l'heureuse influence exercée par cet érudit de bon aloi, Vienne n'avait pas tardé à devenir un centre intellectuel qui ne fut pas sans se traduire par des travaux archéologiques appréciés. Les lettres n'y furent pas non plus négligées, et la *Revue de Vienne* avec Ponsard en témoigne suffisamment.

Grenoble suivit de près, et certaines publications, telles que la *Vie de saint Hugues*, par A. du Boys et l'*Album du Dauphiné*, furent autant de symptômes qui marquaient le goût et les efforts des esprits cultivés pour l'étude et la connaissance du passé. L'organisation, dans cette ville, d'une Société savante qui prit le nom d'*Académie delphinale* (3), groupa un certain nombre d'hommes de lettres, qui furent véritablement les ouvriers de la première heure.

Cependant, la création, à Valence, d'une Société d'Archéologie devait plus que compléter ce mouvement, car, au lieu d'étendre son cercle d'action jusqu'aux choses les plus étrangères à notre pays, comme on le faisait souvent ailleurs, en prenant la forme solennelle des discours académiques, la nouvelle Société, au contraire,

(1) Une nouvelle édition, avec des notes très importantes, a été donnée par M. A. Lacroix, en 1885. — Valence, Chenevier et Pessieux

(2) Terrebasse (Louis-Alfred-Jacques de), né à Lyon en 1801, mort en 1871. Cf. A. Rochas, et surtout, Fabre, *Alfred de Terrebasse, sa vie et ses œuvres*. Vienne, Savigné, in-8°.

(3) *L'Académie Delphinale* avait été fondée sous Louis XVI, peu avant la Révolution. Elle disparut pour être ensuite reconstituée sous le Gouvernement de Juillet.

fixa nettement son programme, dont l'unique objet était l'histoire locale dans le département, puis dans la province, et cela à tous les points de vue. Vaste champ à défricher et qui apporte à l'histoire de la patrie une contribution modeste, mais nécessaire, tout comme dans les grands édifices les petites pierres ont leur emploi et leur importance. On a dit justement : « Chez les anciens, la conservation du feu sacré appartenait à des personnes d'élite ; or, le feu sacré, c'est pour nous l'amour de la patrie commençant à la famille pour arriver, du village natal et de la province, à la France, chaîne indissoluble dont la perte d'un seul anneau entraîne la chute de tout l'édifice social (1). »

Ce programme ainsi délimité a été laborieusement poursuivi et pleinement réalisé : Les trente-deux volumes actuellement parus du *Bulletin* de la Société attestent éloquemment quels grands profits en a retirés l'histoire de la province tout entière.

Ce fut le 2 janvier 1866 qu'un arrêté du baron de Montour, préfet de la Drôme, institua la *Société départementale d'Archéologie et de Statistique*. M. Flour de Saint-Genis, directeur des domaines, fut élu président ; les vice-présidents étaient : M. le Dr Bonnet et M. le chanoine Jouve. De Gallier figurait parmi les membres titulaires. M. de Saint-Genis ne resta pas longtemps en fonction, car il mourut le 15 mars 1869. Le 29 avril suivant, la Société procéda à la nomination de son successeur : sur 58 suffrages exprimés, 52 se portèrent

(1) A. Lacroix, Discours prononcé aux funérailles d'A. de Gallier, dans *Bull. de la Soc. d'Archéologie*, t. XXXII, p. 198.

sur A. de Gallier qui fut très surpris d'un pareil résultat auquel il était loin de s'attendre. La majorité était telle qu'il ne pouvait songer à se soustraire à cette haute marque d'estime et de sympathie. L'avenir devait prouver que telle était bien l'indication du vote, et combien, en l'émettant, les électeurs avaient été heureusement inspirés. Depuis lors, en effet, de Gallier sut si parfaitement remplir cette charge délicate que, jusqu'à sa mort, à chaque nouvelle élection, l'unanimité des suffrages ne cessa de se reporter sur son nom.

Au reste, il avait, dès le début, très bien compris tout le côté élevé de la mission qu'on lui confiait avec un si chaleureux empressement, et il le dit dans un beau langage où, faisant à chacun, avec un tact parfait, la part qui lui revenait dans l'œuvre commune, il montra ce qu'était cette œuvre, quel en était le but et comment il fallait le comprendre et l'atteindre (1). Tout le morceau est remarquable, et après trente ans, il n'a rien perdu de sa justesse et de sa portée ; il reste ce qu'il était alors un exposé fidèle et très sûr de ce que doit être et de ce que doit faire une Société savante de province.

Ce langage élevé fut écouté avec la plus grande attention et vivement applaudi ; il le méritait à tous égards.

Ce n'était pas en vain que de Gallier se rassurait en songeant qu'il pouvait absolument compter sur le concours empressé de tous les membres de la Société, parmi lesquels se trouvaient alors et se trouvent encore tant d'hommes de mérite et de talent : M. A. Lacroix,

(1) *Bulletin de la Société d'Archéologie de la Drôme*, t. IV (1869), p. 471-73.

archiviste de la Drôme, savant intègre et autorisé, dont la carrière scientifique suffit à montrer qu'il y a, dans la science de l'histoire, une véritable magistrature destinée, elle aussi, à rendre des arrêts, par la scrupuleuse et impartiale recherche de la vérité ; — M. Brun-Durand, qui a si bien fouillé et éclairci le passé de notre pays à ses époques principales, notamment le XVIe siècle et l'ancien Régime ; — M. Giraud et M. le Dr Chevalier, pour qui les Annales de Romans n'avaient pas de secret, et dont le meilleur titre peut-être est d'avoir suscité celui qui, à lui seul, a su reconstituer, sur une base scientifique, les sources de notre histoire médiévale ; — MM. les abbés Nadal, Vincent, Jouve, Didelot, Chevalier, Fillet, Isnard et Perrossier, laborieux ecclésiastiques, qui ont fait leurs preuves à des titres divers ; — M. Ludovic Vallentin et M. Morin-Pons, qui ont vraiment créé la numismatique féodale du Dauphiné ; — MM. Florian et Roger Vallentin, qui ont si bien continué en la développant l'œuvre de leur père ; — M. de Coston, historien de la ville de Montélimar ; — M. de Bouffier, bibliophile aussi obligeant qu'érudit ; — M. Victor Colomb, bibliophile également et littérateur plein de goût ; — M. Nugues et M. de Rostaing, archéologues exercés ; — M. Allmer, un des maîtres de la science épigraphique ; — M. A. Rochas, auteur de la *Biographie du Dauphiné*, livre qui restera. Combien d'autres encore mériteraient d'être cités. Tous furent pour de Gallier des collègues parfaits, et plusieurs devinrent des amis intimes, dont la fidélité n'eut d'égale que le dévouement.

Un de ceux qu'il affectionna le plus fut l'excellent M. Giraud. Dès 1860, nous les trouvons en correspondance suivie, et cette correspondance devait durer jusqu'à la mort du consciencieux auteur de l'*Essai historique sur l'abbaye de Saint-Barnard et sur la ville de Romans* (oct. 1883).

La perte de cet homme de bien fut vivement sentie de tous, et de Gallier, parlant au nom de la Société, lui rendit un éloquent hommage (1).

Peu de temps après sa nomination, il dut représenter, avec M. Brun-Durand, la Société d'Archéologie dans une commission chargée de récompenser le meilleur travail sur l'histoire locale, et ce, en vertu d'un décret du Ministère de l'Instruction publique qui instituait, dans chaque ressort académique, un prix de mille francs en faveur de l'ouvrage ou mémoire, imprimé ou manuscrit, jugé le mieux fait sur un point d'histoire ou d'archéologie intéressant les départements compris dans le ressort. A Grenoble, le jury se réunit pour la première fois — et ce devait être la dernière ! — à l'automne de 1869, sous la présidence du recteur, M. Courtade. Outre MM. Brun-Durand et de Gallier, il comprenait MM. Burdet, Caillemer, Chaper, Gariel, Gueymard, Macé, de Saint-Andéol et Rouchier chanoine de Viviers. Il élimina sans peine tous les concurrents autres que ceux de la Drôme, qui seuls étaient représentés par des publications de valeur, et finalement il décerna le prix à M. l'abbé U. Chevalier, de Romans, jeune

(1) *Bull. de la Soc. d'Arch. de la Drôme*, t. XVIII, p. 118-19. — Cf. la *Bibliographie*.

prêtre, qui venait de débuter avec un succès marqué dans le domaine de l'érudition au regard de l'histoire du Dauphiné pendant le moyen âge, où depuis il s'est acquis une autorité aussi grande que méritée.

Si, en tant que président d'une Société savante, de Gallier se devait à lui-même de faire honneur à sa situation par des travaux sérieux, son goût personnel l'inclinait dans le même sens, et ses aptitudes comme sa tournure d'esprit lui en facilitaient singulièrement la tâche. Dès le premier numéro du *Bulletin,* il était à l'œuvre en publiant un bon article sur un personnage du XVIe siècle, Hector de Maniquet, seigneur du Fayet en Dauphiné (1). Grâce à des documents inédits, il put retracer la biographie, jusqu'alors très peu connue, de ce gentilhomme dauphinois qui, maître d'hôtel de Marguerite de Navarre, la première femme d'Henri IV, était au mieux dans l'esprit de Charles IX. Ce prince, qui l'affectionnait beaucoup, le chargea d'une mission diplomatique en Allemagne, qui fut menée à bon terme. Une autre marque de confiance et d'une nature très délicate lui fut encore accordée : Marie Touchet, maîtresse de Charles IX, étant devenue enceinte, fut éloignée de la Cour et envoyée au Fayet où, le 28 avril 1573, elle accoucha d'un fils, Charles de Valois, appelé plus tard

(1) Château situé sur la commune de Barraux (Isère) et possédé aujourd'hui par M. Gustave Rivet, député de l'Isère. Ce dernier, désireux de recueillir tout ce qui se rattache au passé de sa demeure, écrivit à A. de Gallier, le 21 octobre 1897, lui demandant communication des documents relatifs à Maniquet et à la maison-forte du Fayet. La réponse fut ce que l'on devine de la part d'un homme complaisant et courtois, et M. Rivet l'en remercia par une lettre fort aimable.

comte d'Auvergne et duc d'Angoulême. De Gallier, qui avait particulièrement étudié l'époque des Valois, a su faire, de cette simple biographie, un morceau intéressant qui lui a permis, selon sa juste expression, « de reconstituer une page inédite de l'histoire de France au XVIe siècle ». Son appréciation des personnes et des événements, notamment des guerres de religion et de la Saint-Barthélemy, est d'une justesse et d'une équité absolues, et il y met les choses au point, à l'encontre des écrivains passionnés et légendaires que la haine et l'ignorance ont amenés trop souvent à dénaturer les faits et à les mal interpréter.

Mais une étude, autrement plus étendue et plus importante, ne tarda pas à le captiver. Très versé dans la science du blason et très au courant des nobiliaires et des armoriaux, il s'était décidé à écrire l'histoire d'une des baronnies du Dauphiné, celle de Clérieu et de ses fiefs. Ce travail, d'une assez longue haleine et inséré dans le *Bulletin*, a formé tout un volume (1). Même dans un sujet tout local et sans grand horizon, il sut atteindre à des considérations élevées, où le penseur s'affirme qui sait tirer de l'histoire plus d'un grave enseignement.

Qu'on lise cette page :

« Malgré son apparente grandeur, l'Empire romain fut peut-être l'époque la plus funeste des annales de

(1) *Essai historique sur la baronnie de Clérieu en Dauphiné et sur les fiefs qui en ont dépendu*, in-8° de 274 p. avec planches. — Cf. la *Bibliographie*.

l'humanité : en même temps qu'il tarissait les sources de la liberté, il abaissait la conscience à un niveau jusque-là inconnu. Chez ce peuple, dont les ressorts sont tendus vers la conquête et la domination, il n'y eut jamais place pour le libre arbitre, pour la personnalité. C'est au milieu de l'éclat menteur d'une civilisation corruptrice, dominée par la lamentable figure de l'esclave enchaîné au foyer, projetant son ombre sinistre sur le monde antique tout entier, que germèrent naturellement ces odieuses doctrines reprises par le despotisme de tous les temps, sacrifiant systématiquement l'individu à l'abstraction impitoyable de l'Etat.

« Le sentiment de l'indépendance, la fierté innée de l'homme, qui ne relève que de sa conscience, nous sont venus de ces barbares, auxquels Dieu livra l'Europe pour la renouveler. A l'heure où Rome finissait au banquet de Trimalcion, la grande forêt germanique abritait de sauvages agrégations d'hommes, peuplades errantes, fédérations nouées ou rompues, selon l'intérêt ou les passions de chaque tribu, devant nous apporter des instincts tout à fait opposés à la monstrueuse centralisation, qui, en s'étendant, avait fini par tout frapper de stérilité et de mort. Au sein de cette société primitive, à la fois pastorale et guerrière, dont les arabes du désert peuvent nous donner une idée, la servitude ne présentait pas le caractère dégradant, inhérent aux périodes de décadence et de raffinement, et se prêta facilement à la transformation opérée par la féodalité. Cette race chaste, indomptable, farouche et généreuse, qui étouffait les lâches dans la boue, respectait un ennemi demandant merci, élisait ses chefs et rendait la justice en assemblée générale, constituera, quand elle aura reçu le christianisme, un des agents les plus actifs de la formation moderne.

« Fidèle à ses origines, le moyen âge offrit, comme caractères persistants, l'affirmation de la personnalité et l'éparpillement des forces. Si le génie de Charlemagne parvint à plier cent nations diverses sous le joug de l'ancienne hiérarchie, cette restauration d'un passé connu seulement des lettrés, cette brillante et fugitive œuvre d'art s'écroula d'elle-même entre les mains de ses faibles successeurs. Un siècle et demi plus tard, Boson fondait un royaume national du Sud-Est, plus restreint et plus homogène, auquel les affinités de ses populations semblaient promettre de longues destinées. Cette nouvelle tentative d'organisation devait échouer devant la fusion encore incomplète d'éléments trop résistants, et le mouvement historique se continua dans une direction opposée.

« Pendant l'anarchie qui prépara et suivit la dissolution du royaume de Bourgogne, la région, dont s'est formé plus tard le Dauphiné, se fractionna en une infinité de petites souverainetés. »

On le voit, l'historien, ici, procède du philosophe, et c'est en partant de haut et par des vues d'ensemble d'une profonde justesse, que de Gallier arrive à son sujet, l'une de ces « petites souverainetés » issues du démembrement du royaume de Bourgogne, la baronnie même de Clérieu.

Ce livre lui demanda une somme énorme de travail, surtout pour la partie du moyen âge, où la connaissance des sources était rare, obscure et d'une interprétation difficile. Chacun des fiefs qui ont composé la baronnie est étudié avec soin ; les descendances généalogiques sont conduites jusqu'à leur extinction, parfois même jusqu'à nous, le tout entremêlé d'anecdotes curieuses et de détails de mœurs qui font bien revivre le passé, surtout l'ancien Régime. Bref, l'*Essai historique sur la baronnie de Clérieu* est une œuvre de réelle valeur et qui compte parmi les meilleures de notre histoire locale. C'est ce qu'écrivait à de Gallier un juge compétent, M. l'abbé U. Chevalier (1), et un autre, non moins autorisé, Tamizey de Larroque, l'a appréciée en ces termes : « L'histoire de la baronnie de Clérieu commence au xe siècle et finit à la Révolution. Non seulement tous les livres, grands ou petits, qui pouvaient fournir quelque utile renseignement, ont été consultés, mais encore d'innombrables manuscrits, parmi lesquels il faut citer en première ligne les documents conservés aux archives départementales de la Drôme et ceux que possède M. le marquis de Chabrillan dans les archives du château de Saint-Vallier.

« Peu d'ouvrages sont aussi instructifs que celui de M. de Gallier. Au récit des événements, à la biographie des personnages, à la généalogie des familles, à la description des monuments, se mêlent de fines considérations sur les caractères et les mœurs d'une société si différente de la nôtre. Partout l'auteur, dont le style est

(1) Lettre du 3 mars 1873.

excellent, se montre penseur aussi judicieux que consciencieux érudit (1). »

Poursuivant ses investigations sur la féodalité, de Gallier élucida l'histoire et la généalogie de deux anciennes familles du Forez et du Vivarais, les Pagan et les Retourtour qui, vassaux des dauphins de Viennois, figuraient parmi les grands seigneurs terriens et s'étaient créé, dans le démembrement du royaume de Bourgogne, une situation quelque peu en relief (2). De longues et patientes recherches lui permirent de faire, sur ce sujet, un travail excellent de tout point, complété surtout par des documents inédits. Ces documents provenaient d'un gentilhomme érudit, le marquis de Satilieu (1755-1818), qui avait formé une belle collection sur l'histoire du Vivarais ; ils sont aujourd'hui conservés au château de Montmelas (Rhône), chez M. le comte Philippe de Tournon, cousin et fidèle ami d'A. de Gallier. Comme pour les Clérieu, il sut, dans cette monographie, reconstituer tout un coin d'un passé très peu connu, et c'était bien là, comme il l'appela, *une page de l'histoire du Viennois à la part du royaume*. Le tout parut dans le *Recueil* de documents publié par la *Diana*, à Montbrison, dont le président, le comte de Poncins, comptait aussi parmi ses plus chers amis.

Ajoutons que Tamizey de Larroque en fit un compte-rendu où il a pu dire justement : « M. de Gallier a

(1) *Revue des questions historiques*, t. XV (1874), p. 320-22.

(2) *Une page de l'histoire du Viennois à la part du royaume. Les Pagan et les Retourtour*, in-8° de 95 p. avec gravure. Vienne, Savigné, 1875. — Cf. la *Bibliographie*.

beau s'excuser de l'insuffisance de ses recherches et regretter de n'être pas aussi familier avec les annales du Forez qu'avec celles du Dauphiné, personne ne sera dupe de son excessive modestie. Son récit et ses notes sont d'une parfaite exactitude, et la quantité des renseignements historiques, généalogiques, archéologiques, bibliographiques, etc., qu'il a su réunir va de pair avec leur qualité (1). »

Étudier et connaître les caractères et les mœurs d'autrefois fut toujours, pour de Gallier, un des côtés les plus attrayants de l'histoire locale. Cette pensée, qu'il chercha à réaliser, lui inspira un de ses meilleurs travaux, celui où il a peut-être le mieux déployé toutes les ressources de son esprit : nous voulons parler de la *Vie de province au XVIIIe siècle* (2), livre d'un très vif intérêt, que l'on relit toujours avec plaisir et où l'on ne sait ce qu'il faut le plus admirer, de l'heureuse condensation des lectures, de l'à-propos des citations et de la finesse des portraits, le tout dans un style soigné, clair et plein de charmes. En Dauphiné, comme ailleurs, les familles parlementaires, au XVIIIe siècle, avaient constamment occupé la scène publique, où elles s'étaient extrêmement mêlées aux graves et irritantes questions alors si agitées en matière de religion, de justice, de finances et d'administration. A Grenoble, les Aymon de Franquières, en possession de charges de conseillers au parlement, étaient, par leurs relations et leur influence,

(1) *Revue des questions histor.*, t. XVIII (1875), p. 680-81.

(2) *La vie de province au XVIIIe siècle. Les femmes, les mœurs, les usages*, in-8° de 128 p. Paris, Rouquette, 1877. — Cf. la *Bibliographie.*

très répandus dans la noblesse de province et aussi dans la haute bourgeoisie. Une partie de leurs papiers, infimes épaves échappées à la destruction, a été heureusement recueillie par un bibliophile dauphinois, aussi aimable qu'intelligent, M. Victor Colomb. Celui-ci s'empressa de communiquer à de Gallier « le volumineux dossier de lettres adressées à Mme de Franquières et à ses deux filles.... Renfermant, avec quelques lacunes, il est vrai, toute la seconde moitié de ce XVIIIe siècle qui a préparé et vu éclore toutes les catastrophes, ces lettres nous font assister à la vie et à la conversation de la société parlementaire qui, par l'influence, les richesses, le nombre et quelquefois les lumières, l'emportent souvent même sur la vieille noblesse d'épée, plus illustre par les souvenirs qu'elle rappelait. »

De Gallier avait encore à sa disposition, grâce à M. Brun-Durand, une autre source d'informations, les *Miscellanea*, manuscrit en trois volumes in-4°, d'un ancien secrétaire de l'Intendance à Grenoble, nommé Létourneau, et contenant une foule de renseignements, dont il a su tirer un excellent parti.

« Hâtons-nous de dire, ajoute-t-il, que nous ne sommes exposés à entendre rien qui ne soit scrupuleusement honnête. Les sujets sont triés et les propos toujours décents, ainsi qu'il convient à l'entourage d'une fille de bonne maison, vieillie dans un célibat volontaire, aussi digne qu'intelligente, demeurée fidèle à la foi et aux sévères traditions de ses ancêtres. On ne soupçonne guère que l'on touche à ce terrible monde de Grenoble, en train de fournir, dit-on, les tristes types du roman des *Liaisons dangereuses*. Nous saisissons bien au vol quelques-uns des noms que la malignité publique se plaisait à reconnaître sous leurs déguisements dans le livre cynique de Choderlos de Laclos, mais aucun n'est de l'intimité, et si nous assistons à la punition d'égarements, sans doute pas plus fréquents alors qu'à toute autre époque, nous manquons de renseignements bien précis sur les scandales qui attirèrent ces châtiments.

« Quoique aux familles ennoblies depuis un siècle ou deux par les charges judiciaires, se mêlassent des races d'une ancienneté incontestable, on retrouvait généralement dans la noblesse de robe certains traits caractéristiques : l'attachement aux antiques mœurs, proverbial dans la vieille bourgeoisie dont on tirait le plus ordinairement son origine ; une piété sincère, souvent rigide, s'alliant avec des préjugés contre les Jésuites et qu'explique l'esprit de gallicanisme fortement prononcé dans cette classe ; enfin, une sourde opposition, instinctive plus que raisonnée, aux mesures prises par le Gouvernement. De là une popularité que la Révolution entraîna avec tant d'autres choses. »

Cette étude restera, car nulle part la société parlementaire à Grenoble et en Dauphiné, à la fin du XVIIIe siècle, n'a été mieux dépeinte et sous un jour à la fois plus complet et plus vrai. Dans la province et au dehors, tous ceux qui ont lu ces pages y ont trouvé un grand charme, et Tamizey de Larroque en a dit : « M. Anatole de Gallier a traité avec beaucoup d'habileté et de délicatesse un sujet intéressant : *La vie de province au XVIIIe siècle.* Cet érudit nous a déjà donné beaucoup d'instructives et agréables études : aucune ne l'est plus que celle qu'il vient de consacrer aux mœurs et aux usages de l'ancienne société en Dauphiné. M. de Gallier, tirant le plus heureux parti des correspondances inédites qui ont été mises entre ses mains, nous fait connaître, dans un récit aussi fidèle qu'animé, le château et l'hôtel de Franquières, les divers personnages du Dauphiné et du Lyonnais que l'on y rencontrait, les événements auxquels tout ce beau monde fut mêlé. Les plus curieux renseignements sur les femmes et le jeu, la table, l'ameublement, les jardins, les livres, le théâtre, la musique, la médecine, la comédie de société, le parlement de Grenoble, les débuts de la Révolution en Dauphiné, abondent dans ces pages où il est question un peu de tout, de Voltaire comme des salons de Grenoble après la Terreur, de la duchesse de Phalaris comme de Mme du Châtelet, des tantes de Casimir Périer comme de la famille de Barnave le constituant, de la bête du Gévaudan comme de Mandrin, etc.

« Hâtons-nous d'ajouter que personne ne doit craindre de lire ces souvenirs du bon vieux temps, car, comme l'aimable écrivain nous en avertit, on n'y trouve rien qui ne soit scrupuleusement honnête (1). »

(1) *Le Polybiblion*, livr. d'août 1877.

En adressant ce compte-rendu à de Gallier, Tamizey de Larroque ajoutait : « Puissiez-vous, Monsieur et très honoré Confrère, être content de votre juge, qui, lui, a été, comme vous le voyez, si content de vous ! (1) »

Si cette intéressante étude méritait ainsi les suffrages des juges compétents, l'auteur, dans un sentiment de modestie excessive, en pensait tout autrement, et il écrivait à un ami intime, M. Brun-Durand : « Je viens de vous envoyer *La vie de province au XVIIIe siècle*. Ce sera probablement mon dernier tirage à part. A quoi bon là où il n'y a pas de public. Il faudrait tirer à cinq ou six exemplaires ; ce serait évidemment assez. N'ayant jamais été porté aux illusions, je n'éprouve aucun découragement, car je n'ai eu d'autre but en écrivant que le plaisir d'écrire (2). »

Son ami lui répondit que son appréciation n'était pas juste, bien au contraire, et que les esprits cultivés, au courant des choses de l'ancienne société, goûtaient singulièrement cette étude de mœurs si fouillée et si pleine d'intérêt. Il finit par en convenir, aussi prépara-t-il une nouvelle édition, qui lui était demandée de divers côtés :

« Comme *La vie de province* est épuisée, écrivait-il, dans le cas peu probable d'une seconde édition, j'ai fait interfolier un exemplaire, et j'y ajoute beaucoup de détails. On m'a promis plusieurs mémoires inédits

(1) Lettre du 22 août 1877.
(2) Lettre du 7 juin 1877.

sur l'émigration dauphinoise. Ce serait une suite à mon premier travail. Je me recommande à vous, si vous avez quelque chose sur ce sujet. Enfin, pour plus tard, je voudrais réaliser, si je trouve des matériaux suffisants, une étude sur la société et la littérature en Dauphiné au XVIIe siècle (1). »

Si l'histoire locale le sollicitait de la sorte, celle de la Provence et du Languedoc ne l'attirait pas moins, et il s'y sentait porté par des relations de parenté avec de vieilles familles de ces deux provinces.

Un érudit languedocien de valeur et qu'il goûtait beaucoup, était le marquis d'Aubais, dont les *Pièces fugitives pour servir à l'histoire de France* lui étaient connues par le menu. Il lui a consacré toute une notice fort intéressante, grâce à une correspondance inédite de lui ou à lui, et qu'il a utilisée dans ses parties essentielles (2). — Il ne pouvait rester indifférent à l'histoire de la petite ville de Tournon qui, célèbre autrefois par un collège de Jésuites, compta des imprimeurs assez lettrés pour pouvoir éditer jusqu'à des auteurs grecs. Pareille constatation n'est plus à faire aujourd'hui.

De Gallier s'occupa donc de l'*Imprimerie à Tournon* et donna la nomenclature des livres sortis des presses Tournonaises (3). Il publia ensuite des notices sur les *Tournonais dignes de mémoire* (4) ; une autre fut consa-

(1) Lettre du 17 mars 1878, à M. Brun-Durand.

(2) *Le marquis d'Aubais*, in-8° de 20 p. Marseille, Marius Olive, 1870. — Cf. la *Bibliographie*.

(3) *L'Imprimerie à Tournon*. — Cf. la *Bibliographie*.

(4) Ibid.

crée à Jean de Serres, historiographe de France sous Henri IV et frère du célèbre Olivier de Serres (1); enfin, il élucida la généalogie des Tournon (2), celle des Bermond d'Anduze en Vivarais (3), en même temps qu'il formula de justes remarques sur la valeur de l'*Histoire de la noblesse de Provence* (4), et qu'il entretenait toute une correspondance avec le généalogiste Louis de Larroque, pour son *Nobiliaire du Languedoc*.

Tout cela ne le détournait pas du Dauphiné. Là encore il s'occupait activement de généalogies, témoin son autre correspondance avec l'auteur de l'*Armorial du Dauphiné*, Rivoire de La Bâtie. Il lui fournit de nombreux renseignements et des indications d'autant plus précieuses, qu'en matière de nobiliaire il était d'une compétence rare et d'une scrupuleuse véracité. Mais il exigea que son nom ne fût pas cité dans la préface, parmi ceux qui avaient aidé à la composition de l'*Armorial*, car il ne voulait pas paraître en quoique ce soit dans un livre touchant à bien des points délicats, et où la complaisance a parfois peut-être suppléé la *vérité vraie*, comme aussi cette vérité a été impartialement dite à l'endroit de certaines prétentions peu justifiées (5). — En même temps, il publiait de

(1) Cf. la *Bibliographie*.

(2) Ibid.

(3) Ibid.

(4) Ibid.

(5) A cet égard, voici une *curieuse* lettre de Rivoire de la Bâtie à de Gallier :

Monsieur,

Il m'est pénible de ne pouvoir, dans ma préface, vous témoigner toute ma gratitude pour les communications si intéressantes et si nom-

curieuses notes sur deux voyageurs dauphinois, Barbier de Mercurol et Henry Magnard, sur Pierre Moysson, méchant poéte né à Alixan, sur Phélise Regnard, maîtresse de Louis XI, et sur deux lettres du maréchal de Tallard (1).

Enfin, touché plus que personne des bons et loyaux services rendus à la Société d'Archéologie de la Drôme et à son *Bulletin* par celui qui en était vraiment l'âme et l'inspirateur, il se fit l'interprète de tous, et, sous le titre : *Ecrivains dauphinois. M. A. Lacroix, archiviste de la Drôme* (2), il apprécia, avec un grand sens et une haute raison, l'œuvre si méritoire du savant modeste, de l'homme de bien et de l'ami toujours fidèle. Il signa ces pages : *Un membre de la Société d'Archéologie de la Drôme.* De Gallier y donnait un heureux démenti à la maxime du moraliste : souvent l'esprit est

breuses que vous avez bien voulu me faire ; mais je dois m'incliner devant votre désir, surtout dans le cas où cet hommage de reconnaissance pourrait vous attirer des ennuis.

Pour moi, je le sais d'avance, ma part sera large de ce côté. On ne dit pas impunément la vérité, bien qu'elle appartienne au domaine de l'histoire, trop souvent altérée aux dépens de la vanité individuelle.

Je m'en consolerai avec cette satisfaction que tout en m'écartant des errements de la plupart des généalogistes, j'aurai agi consciencieusement et que si j'ai commis des erreurs elles n'auront été qu'involontaires.

Veuillez, Monsieur, agréer l'expression de toute ma reconnaissance en même temps que celle des sentiments les plus distingués de

Votre très obéissant serviteur,

Rivoire de la Batie.

Vannes, 7 février 1867.

(1) Cf. la *Bibliographie.*
(2) Cf. la *Bibliographie.*

la dupe du cœur. Ici, des deux côtés, l'esprit et le cœur gardaient leurs droits et pourtant marchaient bien d'accord.

Si les caractères et les mœurs du temps passé avaient pour lui plus d'un attrait, les choses de l'esprit ne le tentaient pas moins, et tout ce qui tenait par un côté quelconque à l'histoire littéraire captivait son attention. C'est ainsi qu'ayant trouvé à Tain, dans une ancienne famille d'avocats au Parlement, une assez grande quantité de vieux papiers, il eut bien vite reconnu, dans le nombre, quelques documents non dépourvus d'intérêt à l'endroit d'une femme bel esprit, qui eut son moment de célébrité, Mme de Villedieu (1640-1683 ?). Elle est en effet l'auteur de nombreux romans qui eurent alors beaucoup de vogue, mais qui aujourd'hui n'en auraient probablement plus autant : c'est un genre qui a fait du chemin depuis.

Quoi qu'il en soit, aidé de ces documents, de Gallier put retracer la biographie de la romancière, la compléter et la rectifier sur plus d'un point où elle avait été assez dénaturée, sans compter qu'il y traita supérieurement une question de critique littéraire, le roman dans la seconde moitié du XVIIe siècle. (1) Travail substan-

(1) Voir la *Bibliographie*.

Dans l'*Histoire de la langue et de la littérature française*, publiée sous la direction de M. Petit de Julleville, l'auteur du chapitre : *Le roman de 1660 à 1700* (t. V, p. 550-99), M. Paul Morillot, d'ailleurs très compétent, s'est occupé de Mme de Villedieu, il a même donné sa bibliographie, qui se réduit à Tallemant des Réaux et à B. Hauréau, mais il n'a pas connu le travail d'A. de Gallier, et c'est vraiment dommage, car ce travail lui aurait permis d'être plus complet et même plus

tiel, très documenté, et, ce qui ne gâte rien, écrit avec verve, dans un style excellent. Il a donné du roman une appréciation qui montre que chez lui le penseur et le moraliste allaient de pair. « Les peuples, dit-il, commencent par les poèmes et les chants historiques, et finissent par le roman. Cette œuvre compliquée, dont le but est d'ébranler l'âme à l'aide d'une série de chocs brusques, de sensations rapides et changeantes, amollit et énerve toutes les fois qu'elle ne corrompt pas ; pour arriver à son complet développement, ce fruit de saison tardive doit appartenir à la caducité de l'arbre du bien et du mal. Sonder les replis secrets du cœur humain, donner aux caractères leur progrès logique, choisir de préférence l'exception, imprimer aux événements dont se compose l'action une tournure de vraisemblance, en les reliant par une chaîne à la fois souple et forte, telle est la tâche qui s'impose aux époques blasées, portées naturellement à l'interrogation, à l'analyse, à l'abus du raisonnement, étudiant avec complaisance les dispositions morbides, d'où se détachent des phénomènes spécialement curieux. » Puis, dans une vue rétrospective, de Gallier montre ce genre de littérature à travers les âges, pour arriver au XVIIe siècle et à son héroïne. Là, sa grande connaissance des sources, notamment des Mémoires et des Correspondances, l'amène à l'étude que nous savons, dans un cadre bien ordonné. Il termine par ces réflexions :

exact. Hauréau, pris en faute, n'inspira à de Gallier qu'une médiocre confiance, et il en écrivait : « Décidément, Hauréau ne se pique pas d'exactitude. » (Lettre à M. Brun-Durand, du 23 nov. 1877). Nous avons nous-même, par ailleurs, fait la même constatation.

« Elle (Mme de Villedieu) et son groupe ne formèrent qu'une étape bientôt dépassée par le mouvement littéraire. Ce n'est qu'au XVIIIe siècle que l'éclosion du roman devint complète en tous les genres, avec *Gil Blas*, *Manon Lescaut*, *Candide*, *La nouvelle Héloïse*, *Marianne*, *Paul et Virginie*, abordant successivement les conditions, les situations, les dispositions les plus diverses, au milieu du jeu des intrigues, des passions, des intérêts d'une société déjà profondément remuée, et finissant par atteindre les plus tristes replis du cœur humain dans *Jacques le fataliste*, *le Sopha*, *le Paysan perverti* et les *Liaisons dangereuses*, toute la hiérarchie de la corruption, depuis la canaille jusqu'au grand monde.

« Hormis Georges Sand, reprenant les sophismes de Jean-Jacques, avec plus de variété dans les caractères et surtout dans les paysages, notre littérature romanesque est loin d'avoir renouvelé la veine, là où nos pères semblent l'avoir épuisée. Nous avons beau chercher à reculer la limite du cynisme portée si loin par les Crébillon fils et les Diderot, rien de réellement nouveau, de franchement original, ne parvient à sortir de ces efforts impuissants.

« En dépit de notre apparente démocratie et des folles prétentions d'un monde improvisé, non sans analogie avec la société du Directoire, où l'idéal est raillé comme une maladresse, presque comme un crime, les grandes dames du siècle de Louis XIV, par le charme de la conversation, la variété, souvent même l'élévation des idées, par cette élégance de l'esprit à laquelle l'argent ne saurait conduire, sont bien supérieures aux femmes de notre temps, qu'une éducation vaine et frivole rend d'ordinaire hostiles à toute idée sérieuse, n'acceptant d'autre genre de littérature que les romans de MM. Belot et Zola. Que dirait Mme de la Fayette, par exemple, d'écrivains allant chercher leur sujets d'étude dans l'égout et leur inspiration dans le gros vin du cabaret ? »

Voilà qui est aussi bien pensé que bien dit, et il y a lieu de croire que cette appréciation n'est pas près d'être démentie (1).

Dans une autre étude, de Gallier s'est plu à peindre un de nos grands critiques littéraires, l'auteur même des *Lundis*, qu'il connaissait à fond pour l'avoir beaucoup pratiqué. Voici à quelle occasion. Peu d'années après la mort de Sainte-Beuve, son secrétaire, M. Jules

(1) L'étude sur Mme de Villedieu donna lieu à un incident qu'il est bon de signaler : M. Gazier, professeur à la Sorbonne, et qui, paraît-il, connaît le XVIIe siècle mieux que personne, mit en doute l'authenticité d'une lettre de Mme de Villedieu publiée par de Gallier. Ce dernier, comme de juste, ne trouva pas la chose de son goût, et il releva « ce digne professeur » avec autant d'esprit que de raison, sous ce titre : *Madame de Villedieu et M. Gazier*. « Dans l'intérêt de l'Université ajoutait-il, il faut espérer que les conférences de M. Gazier ne s'étendent pas à la géographie de la France, sur laquelle il ne paraît posséder que des notions assez confuses, puisque du village de Bressieux, dans l'Isère, il réussit à faire la petite ville de Bressuire, des Deux-Sèvres. On affirme que M. Gazier se réclame volontiers des solitaires de Port-Royal. Ses illustres maîtres faisaient preuve de moins de légèreté et d'une science moins *fantaisiste*. » De Gallier fit savoir que le document si injustement incriminé serait déposé aux Archives départementales de la Drôme, où chacun pourrait s'assurer de sa parfaite authenticité.

Troubat, publia une œuvre inédite de son maître, sous ce titre : *Cahiers de Sainte-Beuve*, où, avec une malveillance à peine déguisée, pas mal de personnages sont assez peu ménagés. Après avoir lu le volume avec autant d'attention que d'empressement, de Gallier résuma ses impressions dans une fine et spirituelle analyse qu'il intitula : *Sainte-Beuve posthume* (1). « Dans ses dernières années, dit-il, Sainte-Beuve semait à travers ses causeries quelques-unes des vivacités amassées depuis longtemps. Garanti par la tombe, il lui a plu de laisser répandre en une seule fois toute la poche au fiel. En nous donnant les *Cahiers de Sainte-Beuve*, M. Jules Troubat, son secrétaire, qui paraît être un homme d'esprit, entend bien dégager sa responsabilité (2), et s'abriter derrière la volonté expresse du maître, qui avait lui-même préparé cette singulière et compromettante publication, où parmi les intimes et les gens un peu en vue, personne n'échappe à une véritable ivresse de dénigrement. C'est triste à dire pour nous qui ne pouvons nous empêcher de rester les admirateurs de cet incomparable talent, le réel fond de Sainte-Beuve est là dans cette noirceur préméditée. Entrons donc dans cette exposition ouverte au public, sans aucun scrupule de respect pour l'écrivain éminent qui a entendu se livrer ainsi. »

Là-dessus, de Gallier, en des pages pleines de verve, voire même d'ironie, montre combien le carac-

(1) Dans le *Correspondant* du 10 mars 1877. — Cf. la *Bibliographie*.
(2) « Sainte-Beuve a usé presque autant de secrétaires que Voltaire lui-même. » (Note d'A. de Gallier).

tère vindicatif et orgueilleux de Sainte-Beuve apparaît là sous des côtés fâcheux et parfois misérables, et qu'à tout prendre, cette publication, loin de servir sa mémoire, ne peut que lui être fort préjudiciable. Le portrait de Sainte-Beuve est à retenir :

« Dans son *Analyse de la beauté*, Hogarth préconise la ligne *serpentine*. Cette sorte d'esthétique est particulièrement goûtée, non seulement en politique, où elle est devenue aujourd'hui la loi dominante, mais encore en littérature, et l'illustre critique, dont nous allons un moment entretenir le lecteur, en a fait une application aussi adroite que profitable. Interprète fidèle d'une période de doute, dont l'enthousiasme s'est retiré et qui substitue à l'admiration pour les gloires traditionnelles la critique et l'examen soupçonneux, il a voyagé à travers toutes les doctrines, parfois peut-être un peu convaincu, mais surtout curieux, en faisant scrupuleusement le tour sans jamais s'y asseoir. Lui-même, aussi intéressant à étudier que ses modèles les plus compliqués, il n'a reculé devant aucun moyen d'information et d'analyse. D'abord doctrinaire au *Globe*, Saint-Simonien ensuite, puis mystique et presque croyant, passant par la porte étroite du jansénisme pour aboutir à la libre-pensée, mené du romantisme qui lui confère sa première renommée, à l'âcreté corrosive de Chamfort, le dernier type dans lequel il a essayé de s'incarner, il a abordé chaque école dans sa ferveur et sa nouveauté, et, l'expérience une fois terminée, s'est hâté de l'abandonner.

« Sainte-Beuve fut du groupe de ceux que, sans détriment pour soi, la médecine a abandonnés aux lettres. Interne d'hôpital, il se prépare par la table de dissection aux autopsies savantes qu'il avait pratiquées avec tant d'éclat pendant quarante ans, où son scapel impitoyable autant qu'habile a fouillé jusqu'au plus profond les personnalités littéraires. Si la nature ne l'avait pas créé pour être un de ces écrivains de premier jet qui éclatent et bouillonnent sans effort comme les geysers d'Islande; si elle ne l'avait pas destiné aux vastes horizons où planent les orateurs puissants, les grands historiens, les poètes sublimes, il suppléait à l'absence des dons spontanés et primordiaux par une sagacité merveilleuse, par une patiente analyse, qui ne s'est jamais ralentie. Ainsi, il sut refaire et refondre son style rétif, obscur et embarrassé, où le travail se trahissait et la recherche aussi. Doué de la faculté d'assimilation et préparé, comme Courier, par de fortes études classiques, il est arrivé, ainsi que lui, mais dans un goût moins archaïque, à se construire une langue technique avec ses propres formes, ses idiotismes, élargissant le cadre en multipliant les effets. Mais, forcé d'écrire au courant du jour et cédant aux exigences du labeur incessant du journaliste, peut-être creusait-il moins que dans les premières études. Ses défauts mêmes l'ont servi : sa perspicacité à démêler les travers et les faiblesses des illustres, en aiguisant la finesse de son observation, lui fait reconnaître et attaquer les points vulnérables. L'helléniste, l'humaniste, l'érudit, le sophiste parfois s'enveloppent et se dérobent avec un art infini sous les nuances perpétuellement variées du causeur souple, incisif, entraînant, n'oubliant jamais de décocher à propos, au milieu de ses admirations apparentes, la flèche barbelée qui déchire. »

Tels furent le penseur et l'écrivain en Sainte-Beuve. Quant à son caractère, il était loin d'être à la hauteur de son talent, et de Gallier, qui l'a observé de près et en bon connaisseur, en a fait une étude psychologique saisissante de vérité, où apparaissent dans ce viveur sceptique les marques non douteuses d'un cynisme éhonté. Toutefois, au milieu de tant de petitesse, un bon côté se montre : « Il ne thésaurisait pas, dit de Gallier, et sa main s'ouvrit maintes fois aux misérables.... A tort ou à raison, il sut se refuser ou se défendre en certaines occurrences, et l'argent ne fut pas tout pour lui. L'hermine et le porc-épique n'entendent peut-être pas la dignité absolument de la même façon, mais c'est quelque chose que de se garder et de conserver un idéal tel quel en pareille question. Arrêtons-nous sur cette note consolante, espérant que Celui qui ne laisse pas sans récompense un simple verre d'eau donné au pauvre, aura trouvé, dans les replis de ce cœur, obstinément fermé en apparence, des motifs suffisants de pardonner bien des injustices volontaires et le cynique étalage de pernicieuses doctrines. »

Toute cette étude sur Sainte-Beuve serait à citer ou au moins à lire, tant elle est fouillée et d'un piquant intérêt ; aussi bien ménage-t-elle plus d'une agréable surprise par des aperçus vraiment neufs, par la justesse du coup d'œil, l'à-propos des citations, l'exactitude et la finesse des traits les plus caractérisques, mis en relief avec un art prodigieux et une logique implacable.

Mais l'œuvre littéraire la plus intéressante d'A. de Gallier, ce fut la part considérable prise par lui à la publication des lettres de Mme de Simiane, la petite-fille de Mme de Sévigné.

On sait que la maison Hachette a élevé un véritable monument à la gloire de notre littérature nationale, en éditant, sous la direction de critiques autorisés, la belle collection : *Les grands Écrivains de la France,* éditions excellentes, où les textes sont remarquablement établis. Une des meilleures est incontestablement celle des *Lettres de Madame de Sévigné, de sa famille et de ses amis.* Préparée d'abord par M. Monmerqué, elle fut, à la mort de ce savant, reprise et définitivement terminée par M. Ad. Regnier, membre de l'Institut, sous le nom duquel au reste toute la collection est justement restée.

Après avoir donné la correspondance de la célèbre marquise, Ad. Regnier entreprit celle de sa famille, notamment de sa fille, Mme de Grignan, de Mme de Simiane, fille de la précédente, de son frère, Charles de Sévigné, et de son cousin, le fameux Bussy-Rabutin. Pour cette partie de sa tâche, Ad. Regnier fut avantageusement secondé par divers collaborateurs, mais aucun ne lui fut d'un plus grand secours qu'A. de

Gallier, qui avait eu à sa disposition les lettres mêmes de Mme de Simiane. La famille de Simiane était une des plus anciennes de Provence, et un marquis de Simiane avait épousé Pauline Adhémar de Monteil de Grignan. Ils n'eurent que deux filles qui s'allièrent aux Vence et aux Caumont. Ces derniers étaient apparentés avec la famille de Gallier, et Mme la comtesse de Laborde-Caumont communiqua gracieusement à son cousin les lettres en question.

Le premier soin d'A. de Gallier fut de prendre lui-même une copie scrupuleusement exacte de cette correspondance, de l'annoter de façon à bien faire connaître les personnages mis en scène et les divers événements auxquels ils se trouvent mêlés, et enfin, de consacrer à Mme de Simiane une notice biographique définitive. Sa profonde connaissance de la haute société provençale, au XVIIe et au XVIIIe siècle, se révèle ici d'une manière surprenante. Ce travail l'avait naturellement mis en rapport avec M. Monmerqué d'abord, puis avec son successeur, Ad. Regnier. Ce dernier fut enchanté de rencontrer un collaborateur qui lui offrait avec une extrême complaisance une besogne toute faite et si bien mise au point (1). Une active correspondance s'établit entre eux, et ils se comprirent d'autant mieux qu'en dehors de toute question littéraire, ils se trou-

(1) Depuis la publication (1865) des lettres de Mme de Simiane, annotées par de Gallier, dans la Collection des Grands Ecrivains de la France, il a été publié un livre intéressant et bien documenté, qui complète la biographie des Grignan et des Simiane : *La famille de Sévigné en Provence, d'après des documents inédits*, par le marquis de Saporta. Paris, Plon, 1889, in-8° de 402 p., avec deux portraits.

vèrent être en parfaite communauté de principes religieux et politiques. Inutile d'ajouter que les lettres du savant membre de l'Institut sont toutes à l'éloge de son correspondant. On en jugera par quelques citations qui ont ici leur place :

Paris, le 19 *octobre* 1863.

MONSIEUR,

Votre lettre m'a été envoyée d'ici à Blois, où j'étais allé passer la fin de mes vacances. J'ai attendu pour y répondre que je fusse de retour à Paris. Je voulais vous envoyer un billet de Mgr le duc d'Aumale, que je n'avais pas emporté avec moi ; puis, deux de vos questions demandaient des recherches que je ne pouvais faire à Blois.

Laissez-moi d'abord vous remercier de l'intérêt et du soin consciencieux que vous apportez à cette tâche dont vous vous êtes chargé si obligeamment. Comme l'exactitude du texte est, dans notre collection, le point capital, je vous suis on ne peut plus reconnaissant de la révision nouvelle dont vous me parlez. Vos copies étaient déjà dignes, j'en suis sûr, d'une très grande confiance ; cette dernière collation augmentera encore votre sécurité et la nôtre.

Pour les notes, je m'en rapporte entièrement à vous. Vous comprenez aussi bien que moi que les lettres de Mme de Simiane offrant beaucoup moins d'intérêt à tous égards que celles de sa grand'mère, il convient que le commentaire tienne un peu moins de place, si faire se peut, et soit aussi sobre qu'il est possible. Mais il importe toutefois que les faits et les noms soient éclaircis autant que vous le permettront les documents que vous avez à votre disposition. Je vois, d'après ce que vous voulez bien me dire, que vous vous acquittez de cette partie du travail beaucoup mieux que nous ne pourrions le faire ici. Une notice de quatre ou cinq pages sur Mme de Simiane pourrait être intéressante, et j'espère que nous trouverons moyen de la placer en tête de sa correspondance. Je vous remercie bien sincèrement de l'offre que vous me faites de la rédiger.

. . . .

Si jamais je passais par votre ville, je m'arrêterais bien certainement pour revoir le collège de Tournon, où j'ai professé pendant un an la seconde il y a bien longtemps déjà, et surtout pour avoir l'honneur de faire votre connaissance et pour pouvoir vous offrir de vive voix mes remerciements, dont je vous prie, Monsieur, d'agréer ici l'expression avec l'assurance de tous mes sentiments les plus distingués.

Ad. Regnier.

P. S. — Le billet de Mgr le duc d'Aumale m'a été donné par M. Cuvillier-Fleury, son ancien précepteur. J'ai moi-même plusieurs lettres du prince, mais que je ne pourrais convenablement vous envoyer. *Le petit bonhomme* dont il est question à la seconde ligne est M. le duc de Guise, le second fils du duc d'Aumale (1).

(1) Ce billet du duc d'Aumale à Cuvillier-Fleury, est encore aujourd'hui dans la collection d'autographes d'A. de Gallier. Le voici :

Twick, 23 janvier 62.

Un mot seulement, mon cher ami, pour vous annoncer que mon petit bonhomme est décidément en convalescence, ce sera long et en-

Dans une autre lettre, Ad. Regnier, après avoir parlé de l'édition alors en voie d'exécution et de l'utile concours qu'y apportait de Gallier, lui fait part d'un curieux incident de sa carrière scientifique qui mérite d'être connu :

Paris, le 9 juillet 1864.

Monsieur,

J'ai reçu votre lettre du 2 juillet et les utiles et intéressantes additions que vous avez eu la bonté d'y joindre pour le commentaire des lettres de Mme de Simiane. Ces lettres figureront dans notre tome XI. Nous imprimons en ce moment le Xe, qui contiendra le reste de la correspondance de Mme de Sévigné et de plus un petit appendice de lettres sans date ou de date incertaine.

Comme je vous l'ai dit, ce sera surtout, quand je m'occuperai des lettres mêmes que vous avez si obligeamment annotées, que je pourrai vous dire, en connaissance de cause, toute ma gratitude. Mais le premier et rapide examen que j'ai fait de votre travail a suffi pour me montrer ce que vous devra cette partie de notre édition.

nuyeux ; mais si nous n'avons pas de rechute tout ira bien ; du moins je l'espère.

Merci de votre lettre du 21. Je me réjouis de la nouvelle qu'elle contient. Souscrivez pour moi à deux exempl. de l'*Histoire de la ville d'Aumale*, par M. Semichon.

Quelqu'un que je préfère ne pas nommer ici vous a chargé de me transmettre ses vœux de nouvel an, remerciez-le de ma part.

Bonne santé, bonne chance et mille amitiés.

H. O.

. . . .

Je suis très reconnaissant des gracieuses félicitations que vous voulez bien m'adresser. C'est à mon insu que MM. les professeurs du Collège de France ont inscrit mon nom en tête de leur liste pour la chaire de grammaire comparée. Je n'avais nullement ambitionné cet honneur ; j'en ai été, je l'avoue, d'autant plus touché. Mais tout se bornera, comme il y a deux ans pour la chaire de sanscrit, à ce témoignage d'estime. M. le Ministre de l'Instruction publique m'a fait dire que si je prétendais à la chaire, il demanderait pour moi à l'Empereur l'exemption notoire du serment. J'ai été reconnaissant, comme je devais l'être, d'une telle proposition, mais j'ai fait répondre à M. le Ministre que si, par impossible, on m'accordait un tel privilège, je ne pourrais l'accepter. Se laisser ainsi excepter du droit commun, c'est se regarder comme un homme nécessaire, et pour la chaire dont il s'agit, je suis loin de me faire une telle illusion.

Agréez, etc.

Ad. Regnier.

Enfin, l'édition si laborieusement préparée fut menée à bon terme et parut en 1865. Le 17 mai de cette année-là, Ad. Regnier écrivait à de Gallier :

Je garderai le meilleur souvenir de cette trop courte collaboration. Vos notes ont fort éclairci cette annexe de la correspondance de Mme de Sévigné, et notablement amélioré l'édition de 1818. Sans l'assistance d'un auxiliaire aussi versé que vous l'êtes dans l'histoire particulière de la Provence, nous aurions laissé certainement plus d'une lacune regrettable. Vous avez pu voir que de mon côté, je n'ai rien négligé, pour que le reste de l'annotation ne fût pas indigne de la partie dont vous aviez eu la bonté de vous charger. Je ne vous parle pas de nouveau des lettres nombreuses, au moins aussi intéressantes que les anciennes, que votre obligeante entremise nous a procurées. Comme je vous l'ai dit déjà, je placerai en tête du tome XI un avertissement où je serai heureux d'apprendre au lecteur ce que nous vous devons, ce que lui-même vous devra.

Vous avez raison, Monsieur, j'aurais grand plaisir à revoir cette paisible petite ville (Tournon), ce collège où j'ai été autrefois professeur, et un plaisir non moins grand à faire votre connaissance ; si jamais je retourne dans le midi, je profiterai bien certainement de la permission que vous me donnez si gracieusement de me présenter chez vous et de vous exprimer de vive voix mes sentiments de gratitude et, permettez-moi d'ajouter, de haute estime et de sincère dévouement.

Ad. Regnier.

Le savant autorisé et modeste qui parlait de la sorte rendit publique toute sa reconnaissance, dans l'*Avertissement* qui ouvre le tome XI des *Lettres de Madame de Sévigné* : « Si cette partie, dit-il, a été, comme le reste de la collection, très notablement améliorée, c'est à M. Anatole de Gallier, de Tain, que nos lecteurs le doivent. C'est par son entremise et grâce à lui que M. Monmerqué a eu communication de cinquante-six lettres inédites qui ôtent au moins à la correspondance de Mme de Simiane quelque peu de sa monotonie. A part quelques billets insignifiants, nous n'avions d'elle que ses lettres à d'Héricourt, à qui souvent elle ne parle qu'en solliciteuse. Les lettres nouvelles sont adressées à M. le marquis de Seytres-Caumont; elles ont été mises à la disposition de M. de Gallier, et par lui de M. Monmerqué, par Mme la comtesse de Laborde-Caumont, une des dernières descendantes de cette antique maison. M. de Gallier a fait lui-même avec le plus grand soin la copie des autographes, et non content de cela, il a consenti de très bonne grâce à devenir notre collaborateur. Il a rédigé un très grand nombre de notes de ces lettres nouvelles et a pris la peine de revoir les notes des anciennes et de nous aider à les rectifier et compléter. Très versé dans l'histoire du Dauphiné et de la Provence, il nous a fourni particulièrement la plupart des éclaircissements et informations empruntés à l'histoire locale, à l'histoire des familles. Enfin, il a écrit une élégante et sobre notice sur Mme de Simiane, que nous sommes heureux de pouvoir placer en tête de ses lettres. Pendant qu'il s'associait fort obligeamment à notre travail, nous avons eu plus d'une fois l'occasion de lui témoigner notre gratitude et de lui promettre celle des lecteurs. Nous sommes assuré qu'ils ne nous démentiront pas. »

Une telle appréciation, venant d'un si bon juge et en une si bonne place, n'a pas besoin de commentaire et suffit, à elle seule, à mettre en toute évidence la valeur de celui qui l'a méritée (1).

(1) L'éditeur, M. Hachette, voulut aussi exprimer toute sa gratitude à de Gallier, il lui offrit gracieusement un exemplaire des Lettres de

IV

Travaux historiques sur la Révolution. — Etude sur César Borgia (1877-1896).

Un esprit aussi ouvert que celui d'A. de Gallier ne devait pas rester indifférent aux grands événements qui ont marqué la fin du XVIIIe siècle, d'autant plus que la connaissance approfondie qu'il avait de l'ancien Régime le préparait merveilleusement à les bien apprécier. Nous résumerons fidèlement sa pensée en disant que cette époque de bouleversements et de ruines fut aussi

Mme de Sévigné, comprenant 12 vol. avec un album de portraits et de fac-simile d'écritures. En outre, il lui avait auparavant écrit en ces termes :

Paris, le 14 mars 1862.

Monsieur,

Permettez-moi de vous offrir un exemplaire de la 2e édition des Lettres de Mme de Sévigné comme léger témoignage de ma reconnaissance pour les communications de lettres autographes que vous avez bien voulu faire à M. Monmerqué d'abord, puis à M. Ad. Regnier, membre de l'Institut, qui s'est chargé de continuer et d'achever son travail interrompu par la mort.

Les tomes I et II, qui ont seuls paru jusqu'ici, ont été remis aujourd'hui à la poste, et les volumes suivants vous parviendront au fur et à mesure qu'ils seront publiés.

J'ai entrepris une grande affaire, celle de publier une belle édition de nos grands écrivains, d'après les manuscrits ou éditions originales imprimées sous les yeux des auteurs, et j'ai la satisfaction de voir qu'on me facilite ma tâche par les communications les plus obligeantes.

Je vous prie, Monsieur, de vouloir bien agréer avec mes remerciements, l'assurance de mes sentiments les plus distingués.

L. Hachette.

une ère de redoutables innovations, alors que la Constituante, faisant table rase du passé, édifiait, tout d'une pièce, un nouvel édifice social, et cela, non par des réformes prudentes et mûrement réfléchies, mais par des destructions brutales et souvent imméritées, inspirées par les conceptions philosophiques qui avaient prévalu depuis cinquante ans, véritables utopies, aussi fausses que dangereuses, et dont le *Contrat Social* de Rousseau avait été l'expression paradoxale et décisive sous une forme séduisante, bien que presque toujours déclamatoire.

Voilà cent ans que de tels événements se sont accomplis, et après cent ans, leur véridique et impartiale histoire vient à peine d'être fixée dans ses grandes lignes. Ce n'est que de notre temps, en effet, que l'impitoyable critique a porté son effort sur cette radicale transformation de la société française si passionnément discutée, où, jusqu'ici, l'école révolutionnaire avait réussi à créer en sa faveur plus d'une légende, à embellir passablement les hommes et les choses, et à donner le change sur la valeur réelle de l'ère d'affranchissement acclamée en 1789, avec plus d'illusion et de générosité que de sagesse et de justice.

Mais, à y regarder de près, tous ces travestissements à la Tite-Live n'ont pu résister au regard scrutateur de la critique mise ici en œuvre par des juges équitables et remarquablement bien informés, lesquels n'ont pas craint de faire brèche à la forteresse révolutionnaire, d'en jeter bas les idoles vermoulues, et enfin de dénoncer et de démolir à la fois beaucoup d'idées préconçues, perfidemment exploitées et restées l'apanage exclusif des sectaires et des ignorants.

Le premier qui ouvrit cette voie réparatrice fut un homme d'une trempe d'esprit peu commune, Hippolyte Taine (1). Matérialiste d'abord, positiviste ensuite, Taine, comme philosophe et historien de la littérature anglaise, s'était prévalu de l'argument des milieux, du climat et de la race, non moins que de la méthode expérimentale. Abordant l'histoire des hommes de la Révolution, il leur fit une application rigoureuse de la méthode, en l'appuyant, non sur des théories, toujours discutables, mais sur des faits certains établis à l'aide de documents authentiques et de témoignages peu suspects, mettant ainsi en pleine lumière toute l'œuvre des nouveaux réformateurs. Il fit d'eux une dissection psychologique savante, et, comme résultats indéniables, il trouva, à la Constituante, des esprits faux, superficiels, suffisants, naïfs même, facilement enthousiastes et très peu pondérés ; à la Convention, comme on avait marché, il mit froidement à nu l'homme devenu tyran, c'est-à-dire le jacobin haineux, défiant, vindicatif et cruel. Tous, par leurs tendances, par leur langage et par leurs actes, vérifiaient cette parole profonde et si vraie de leur juge : « *Avant tout, la Révolution est une translation de la propriété.* »

On devine aisément ce qu'avaient pu faire de pareils législateurs. Après avoir détruit le principe d'autorité — qu'on n'a jamais pu reconstituer depuis ! — après

(1) *Les origines de la France contemporaine. — L'Ancien Régime*, un in-8°. — *La Révolution*, trois in-8°.

avoir fait dévier et avorter le généreux mouvement de 89 dans ses aspirations si légitimes et ses demandes si justes de réformes assurément nécessaires (1), ils avaient, sous prétexte de la régénérer, livré la France à l'anarchie et, par une progression logique, qui est la loi même de la Révolution, le pays avait glissé dans le sang et la boue : désormais, il était mûr pour le despotisme et César pouvait venir !

En définitive, la France avait beaucoup plus perdu que gagné à cette prétendue régénération qui aboutit à l'omnipotence de l'Etat, la pire des oppressions, renouvelée du Césarisme païen, qui tue l'initiative privée, qui a peur de la liberté aux mains des particuliers désireux de s'en servir pour s'associer volontairement, qui, de force, façonne les individus dans un moule unique, pesant même sur les consciences jusqu'à imposer un enseignement et une morale d'Etat, sous peine d'ostracisme ; implacable tyrannie qui ramène directement à cet ancien Régime si abhorré, lequel certainement valait au moins autant que ce qui a été mis à sa place. Démontrant rigoureusement ces choses, Taine ajoutait : « Votre édifice est d'apparence magnifique, mais il a un terrible inconvénient : on y manque d'air et on y étouffe ! »

(1) Une de ces réformes, et la plus désirée, était l'égale répartition de l'impôt. On a beaucoup déclamé contre cet abus de l'ancien Régime, sans l'avoir bien connu et il était moins grand qu'on ne pense communément. Or, il est à remarquer qu'aujourd'hui (1899), en France, rien n'est plus *arbitraire* que la répartition de l'impôt.

Sur combien d'autres points on pourrait faire la même constatation ! A tout prendre, l'histoire de l'humanité n'est-elle pas un éternel recommencement ?

Ce qu'il importe encore de remarquer, c'est que le grand critique qui arrivait à formuler cette appréciation d'ensemble, n'était, auparavant, rien moins qu'hostile à la Révolution : son premier volume sur l'*Ancien Régime* accuse assez nettement cette disposition d'esprit. Ce fut peu à peu que, loyalement, par la connaissance même des sources, cet esprit si honnête dut reconnaître toute la vérité historique, et, quoi qu'on en ait dit, son jugement restera : c'est un bloc qu'on ne remuera pas !

Cette nouvelle école, inaugurée avec tant d'éclat et de succès, répondait trop bien aux sentiments d'A. de Gallier pour ne pas entraîner son adhésion, en y apportant toutefois plus d'une réserve.

A ses yeux, l'ancien Régime avait été jugé par Taine avec une trop grande sévérité, et il le démontra dans une substantielle étude, puisée aux sources mêmes, et d'un vif intérêt (1). Il débute par un portrait de Taine qui n'est point banal :

« M. Taine est un des élèves les plus considérables de deux maîtres de valeur bien inégale, Beyle de Stendhal et Sainte-Beuve. Si, comme le second, il se dis-

(1) *Etude sur les origines contemporaines*, par M. Taine, dans *La Décentralisation* des 7, 8, 9, 21 et 22 septembre, et des 11 et 12 octobre 1876.

Ces articles mériteraient d'être réédités en un volume, peut-être le ferons-nous un jour. Il y a là des vues aussi justes qu'intéressantes sur l'ancien Régime, dont un personnage, Turgot, a été également étudié par de Gallier, sous ce titre : *Les récentes publications sur Turgot*, dans la *Revue des questions hist.* t. XXIII (1878) p. 588-94.

tingue par cet instinct patient qui fait pénétrer l'homme dans toutes les directions, isolant, pour les éclairer d'une vive analyse, les passions, les aptitudes, les mouvements dont se compose le cercle d'action de chaque individu, excellant à greffer de gros paradoxes sur une vérité incontestable, il se laisse aller comme le premier à la recherche de l'ingénieux et du systématique, qui répugne à la juste mesure et à la limite exacte. Toutefois, par son habileté à grouper les faits, par sa logique en apparence irrésistible, acquise au contact de Spinoza, par son style puissant, quoique tourmenté et d'un ressort un peu dur, il nous paraît infiniment supérieur à l'écrivain dauphinois trop vanté depuis quelques années. Dans sa vie d'étudiant, il a dû hanter les carabins, et, comme à Michelet, quoique à un point de vue moins anacréontique, il lui en reste l'abus de la physiologie aboutissant chez lui à un matérialisme assez peu déguisé. Il n'a pu échapper à la maladie, si commune aujourd'hui, de la généralisation, enfermant volontiers l'univers entier dans une formule étroite. On se souvient que feu Cousin traînait partout dans sa philosophie la fameuse trilogie du fini, de l'infini et de leur rapport. M. Taine, qui ne se contente pas d'un spiritualisme à la Jean-Jacques, soutient à son tour que la manière de penser et d'agir de l'homme dépend uniquement de sa race, du climat et du milieu dans lequel il vit......

« *Les origines de la France contemporaine*, dont le premier volume vient de paraître, témoignent d'un progrès incontestable dans le talent de l'auteur, et d'un

7

esprit qui cherche à se dégager des théories trop ingénieuses pour aborder un terrain plus pratique. Avec la clarté dans les idées, le style lui-même a gagné. Se distinguant de ces démocrates ignorants et passionnés, auxquels le glorieux passé de la France ne parvient à inspirer que des sentiments étroits d'hostilité et une horreur maladive, la supériorité de son intelligence a suffi pour le préserver de cette jalousie inquiète et mesquine, si répandue de nos jours, qui porte à envisager les hiérarchies sociales consacrées par le temps, comme autant d'injures et de préjudices personnels. Mais il a besoin de plus d'efforts pour résister au paradoxe qu'aux partis pris d'injustice. Si, chez lui, l'élévation du penseur et la délicatesse du lettré ressentent une profonde répulsion pour le règne aveugle de la multitude et les violences de la populace déchaînée, s'il laisse tomber de sa plume quelques pages sur la part de l'Eglise, de la noblesse et de la royauté dans la formation de la France, où se trahit cependant une certaine ignorance du moyen âge, l'époque qu'il a évidemment le moins étudiée, il n'en reste pas moins comme Renan — un bien autre démolisseur — un ouvrier inconscient de la Révolution, de cette force destructive, ennemie de la civilisation, justement stigmatisée en tant de passages de son livre. »

Dans les volumes suivants, Taine, abordant enfin l'histoire même de la Révolution, traita successivement de la Constituante, de la conquête jacobine et du gouvernement révolutionnaire.

De Gallier ne le perd pas de vue, et, tout en rendant compte de ce beau travail, il en profite pour examiner à son tour les débuts mêmes de la Révolution, c'est ainsi qu'il consacre une étude approfondie à la *Révolution de M. Taine* (1), à l'*Assemblée constituante de* 1789 (2) et aux *Emeutiers* de la même époque (3).

« M. Taine, nous dit-il, est en train, grâce à la force des choses et à la croissance continue de son talent, de briser le moule étroit où sont coulées ses premières œuvres. A mesure qu'il étudie les hommes, il échappe au domaine de l'abstraction qui l'avait autrefois possédé. On dirait que ses idées se précisent et s'épurent dans cette familiarité de l'histoire, si salutaire aux âmes honnêtes. »

De Gallier étudie ensuite l'œuvre de la Constituante, et, finalement, il en porte ce jugement d'une sévérité absolument justifiée :

« La nation, dit-il, solennellement consultée, témoigne, à toutes les lignes de ses cahiers, qu'elle ne veut pas de révolution ; elle pose les limites dont ses mandataires ne doivent pas s'écarter.... Personne ne met en doute la royauté, objet de tous les respects ; on n'entend que des paroles de gratitude et d'amour pour

(1) *Revue des questions hist.* t. XXIV (1878) p. 254-66.
(2) Ibid. t. XXIX (1881) p. 120-85.
(3) Ibid. t. XXXIV (1883) p. 115-47.

le généreux prince restaurateur de la liberté. Là éclatent les principes du droit moderne, l'égalité devant l'impôt et devant la loi, la liberté de conscience, l'admission de tous les anciens roturiers à tous les emplois, etc. On est d'accord sur la suppression des droits féodaux, avec indemnité pour la plupart d'entre eux. Les trois ordres reconnaissent la nécessité d'une représentation nationale, à laquelle doit appartenir le vote de l'impôt. »

Ce fut la Constituante elle-même qui, méconnaissant un tel programme, expression authentique des vœux de la nation, fit dévier ce légitime mouvement et en empêcha la sage réalisation, malheur d'autant plus grand que ces justes revendications étaient consenties par le roi et par les deux classes privilégiées. Ecoutons de Gallier :

« Au lendemain des cahiers des trois ordres, magnifique monument de concorde rejetant en arrière pour toujours les anciens abus, la Constituante a créé ou réveillé l'antagonisme des classes, fait entrer l'émeute dans la pratique de la vie politique avec le mépris permanent de l'autorité et de la loi. Mère funeste de toutes les folies et de toutes les fureurs, trempant dans le sang du 14 juillet et du 6 octobre, coupable des incendies, des pillages, des meurtres impunis ou encouragés sous son règne, souillant d'attentats et d'excès sans nom l'étendard et l'ombre de la liberté, elle va céder la place à la Législative qui accroît encore le désordre et prononce la déchéance du Roi ; elle ouvre la voie à la Convention qui mettra la France en coupe réglée.

« Après tant d'apothéoses imprudentes, à travers les mensonges des héritiers intéressés, l'histoire a le devoir de rompre le silence, adoptant les conclusions des plus sages parmi les contemporains de cette époque néfaste. Comme les amputés ne cessant de souffrir des membres qu'ils ont perdus, la patrie sent encore, sentira peut-être toujours, les irrémédiables blessures qu'elle a reçues de la Constituante. C'est elle, en effet, qu'il faut accuser de nos divisions ; elle a traité la religion en étrangère et en suspecte, préparant l'installation de l'athéisme dans les doctrines modernes ; elle a semé, parmi les classes laborieuses que le christianisme élevait et ennoblissait par la résignation, les troubles corrupteurs, les ferments terribles qui, flétrissant l'âme dans la haine, aboutissent aux tortures de la faim. Elle a ébranlé et discrédité les sources de l'autorité ; en s'appliquant à détruire le pouvoir ancien, elle a porté une atteinte ineffaçable à toute espèce de pouvoir ; elle a inauguré dans le gouvernement l'ostracisme de l'éducation et de l'intelligence. Selon l'expression de Sybel, elle s'est laissée entraîner « aux préliminaires de la république sociale ». Par le morcellement indéfini, elle a détruit tout centre de résistance, tout germe d'indépendance, livrant périodiquement la France effrayée aux caprices d'un dictateur. »

De Gallier montre ensuite que toutes les réformes nécessaires pouvaient être amenées sans secousses, sans bouleversements, sans injustice, et surtout sans ruines. Cette étude de la Constituante est remarquable et procède de Taine qu'elle résume fidèlement, et qu'elle complète même sur plus d'un point, notamment sur les fédérations. On sait que la première fut celle d'Etoile, près de Valence, décrite par Michelet dans un style lyrique dont on ne peut que sourire. Tout s'y passa modestement, malgré les intrigues de Faujas de Saint-Fond, esprit creux et savant justement oublié aujourd'hui ; au lieu de douze mille hommes qui s'y seraient réunis, il n'y en eut en réalité que cent dix-huit ! Ce fut tout, la légende a fabriqué le reste.

De Gallier s'est également essayé à « portraicturer » plusieurs des personnages les plus en vue de l'époque, et Mirabeau ne lui a pas échappé : « Au début, écrit-il, un homme domine l'Assemblée, sans la résumer. On a déjà nommé Mirabeau, aventurier, pamphlétaire, jadis pornographe aux gages des libraires, toujours insatiable de plaisir et d'or, n'ayant vu la société que par le mauvais bout de la lunette et connu que les côtés suspects de la politique ; agent subalterne inavoué, il a brassé de petites intrigues à l'étranger. Qu'il descendît d'une antique maison de Provence ainsi qu'il le prétendait, ou d'un maître d'écriture comme l'avance l'auteur de la *Critique du Nobiliaire de Provence*, on trouve en lui l'audace et l'absence de tout scrupule d'un condottiere du moyen âge. Après avoir séduit autrefois par ses vices, la fougue et l'exagération de son langage entraîne ses auditeurs inexpérimentés ; il puise au gré de sa passion du moment, dans l'amas confus de notions ramassées au courant de sa vie errante, laissant parfois éclater, avec une sauvage grandeur, les illuminations soudaines du véritable homme d'Etat. Toujours forcé d'être en scène, il est souvent contraint d'entrer dans des rôles qui ne lui vont pas.

« Sa prétendue universalité s'explique par le choix et le nombre de ses préparateurs. Grâce à cette merveilleuse puissance d'assimilation dont Thiers, de nos jours, nous a donné une idée, souvent au dernier moment il s'approprie les éléments d'une question recueillis par Pellenc, Clavière, Dumont, Duroverai, et tant d'autres collaborateurs. Né orateur et s'échauffant progressivement, il faisait quelquefois jaillir, des matériaux qu'il venait d'effleurer, les éclairs de la plus sublime éloquence. Ses répliques l'emportent de beaucoup sur ses discours, la passion étant plus forte chez lui que l'étude. »

Ce fut alors que de Gallier eut la pensée de consacrer aux hommes les plus en relief de la Révolution, une biographie à la fois historique et psychologique, de prendre à part chacun d'eux, pour l'étudier dans son caractère, son intelligence et ses actes publics, et en fixer par là toute la valeur morale, si minime qu'elle fût. Sous ce titre : *Les hommes de la Constituante*, il étudia successivement Barnave, La Fayette et Grégoire, mais le temps lui manqua pour achever cette galerie de portraits révolutionnaires.

La biographie de Barnave (1), substantielle et bien

(1) *Les hommes de la Constituante. — Barnave*, pet. in-8° de 54 p. — Cf. la *Bibliogr*.

documentée, causa quelque surprise aux admirateurs irréductibles du célèbre orateur. De Gallier la soumit à Taine en même temps qu'il lui signala, dans la *Revue des questions historiques*, son autre article sur : *La Révolution de M. Taine*. Celui-ci lui répondit aussitôt :

Paris, 7 février 1880.

Monsieur,

J'habite la plus grande partie de l'année en Savoie, et beaucoup d'articles très dignes d'être lus m'échappent à mon grand regret. C'est vous dire mon excuse ; car, après avoir lu votre Barnave, je ne doute pas que vos articles n'aient été bienveillants pour moi. Je rechercherai la *Revue des questions historiques*, qu'on peut facilement se procurer, et j'aurai le plaisir de vous lire.

Mon livre n'est qu'un cadre, il a besoin d'être rempli par des biographies comme celle que vous m'envoyez ; je me permets d'y ajouter un mot. Dans la correspondance inédite de M. de Staël avec son souverain, le roi de Suède, vers septembre 1791, l'ambassadeur dit que Barnave a changé du tout au tout, qu'à son avis l'Assemblée Nationale doit être ramenée au rôle et aux attributs de l'ancienne assemblée des notables.

Les monographies me semblent si importantes qu'en ce moment, pour mon instruction personnelle, je suis obligé de refaire celle des membres de la commune de Paris. Leurs antécédents sont singuliers ; la plupart sont des aventuriers tarés et plusieurs ont un dossier judiciaire.

Agréez, je vous prie, Monsieur, avec mes vifs remerciements, l'assurance de mes sentiments les plus distingués.

H. TAINE.

Dans son étude sur La Fayette, de Gallier a fait preuve d'une remarquable connaissance des sources et d'un réel talent d'observateur et de peintre ; il est sûr que ce portrait accuse une analyse approfondie avec une finesse de touche qui plaît et charme infiniment (1). Par exemple, il ne reste presque rien du personnage d'ailleurs très surfait, et peut-être l'abus de la méthode qui retient volontiers l'envers des hommes est-il ici, dans les détails, un peu trop accentué. Quoiqu'il en soit, le jugement d'ensemble est vrai, et de Gallier a pu dire avec raison : « Sa sympathie était peut-être plus redoutable encore que son hostilité : la nouvelle monarchie issue de 1830 en fit bientôt l'expérience. Ayant traversé les révolutions sans en soupçonner le mécanisme, La Fayette fut avec Jacques Lafitte, dont la vanité et l'incapacité populaire ne lui cédaient en rien, avec Dupont de l'Eure, Mauguin, etc., du parti incorrigible et funeste, qui de nouveau devait précipiter la France dans l'anarchie, si Casimir Périer n'eût saisi les rênes d'une main ferme. Louis-Philippe fut contraint de se priver des services du héros des deux mondes, qui ne lui pardonna jamais et retomba dans sa vieille habitude de conspirer ; les

(1) *Les hommes de la Constituante. — Le Général La Fayette* dans *Le Contemporain* du 1er juillet 1882. — Cf. la *Bibliogr.*

aventuriers abusaient effrontément de sa crédulité sénile. Comme ces médailles altérées et rendues frustes par les années, il avait, dans un siècle railleur, perdu son importance primitive : celui qui tint jadis les rois en échec, passait à l'état d'une sorte de dieu des bonnes gens de Béranger, d'un maître des cérémonies de la Révolution, familier avec son étiquette et ses rites ; le drapeau s'était transformé en jouet.

« La Fayette avait accepté, sans se faire prier, sa part d'action et de responsabilité dans la terrible émeute du 5 juin 1832, d'où la République devait sortir. L'imprudence du malencontreux général l'exposa à des inconvénients qui menacèrent de devenir très graves.

« Ce fut alors, raconte M. Paul Lacroix, que huit ou dix mauvais garçons en guenilles, à moitié ivres, armés de longues bûches qu'ils avaient prises dans les chantiers et qu'ils brandissaient comme des massues, forcèrent le malheureux La Fayette à monter dans un fiacre, dont ils dételèrent les chevaux, et ils le promenèrent le long des boulevards, en hurlant : *Vive la République ! vive La Fayette !* Quand le général présentait la tête à la portière, en les suppliant de mettre fin à son supplice, ils le menaçaient de leurs bûches, en lui disant : « *Cache ta tête, vieille bête.* » Puis, riant aux éclats, ils répétaient à grands cris : « *Place au héros des deux mondes ! vive La Fayette !* »

. . . .

« Personne n'a été plus populaire, ni plus discuté que lui. On composerait une bibliothèque avec les écrits innombrables qui le prônent ou l'insultent, avec les biographies, les portraits, les caricatures et les apothéoses. Dans les caprices fugitifs de la mode, rien n'a manqué à sa gloire : il a tenu sa place parmi les petits fours sur l'étalage du pâtissier, figuré comme brelogue ou porte-allumettes ; enfin, de son vivant, il a été représenté sur le théâtre.

« Ce fut sans contredit un des hommes qui ont fait à leur pays le plus de mal et de mal durable. Cependant, il n'était pas méchant, nous dit Bouillé, qui le connaissait bien. Grâce, au contraire, à sa bienveillance naturelle, il eut des amis même en dehors de son parti, et il s'est honoré en rendant justice, en plusieurs endroits de sa correspondance, à la loyauté et au caractère du comte de La Ferronnays. Au point de vue religieux, ce n'était pas un sectaire, comme les autres révolutionnaires.

« Ses idées peu nombreuses, jetées dans un moule uniforme, ne se redressent pas avec l'expérience : l'armement de la garde nationale, la déclaration des droits, le programme de l'hôtel-de-ville, l'alliance avec les révoltés de tous les pays, au risque de provoquer contre nous la coalition européenne, reparaissent sans cesse dans ses divagations oratoires, écoutées avec le respect dû à son âge. Quand ces moyens ne réussissent pas, il est quitte pour attribuer l'insuccès aux manœuvres de l'aristocratie. Si ce célèbre déclassé n'avait pas été servi par la naissance et la fortune, qui, de bonne heure, le mirent en évidence, à une époque où, à défaut de grands hommes alors nécessaires, l'audace et la ruse ouvraient la voie aux médiocrités, il fût resté à sa vraie place dans les rangs inférieurs de la société. J'aime à me le représenter sous les traits d'un bon maire de village, infatué de son écharpe, tel que celui devant lequel il se plaisait à se courber en 1791, fermant les yeux sur les délits ruraux et faisant travailler toute l'étendue de son intelligence et sa finesse de montagnard au triomphe de sa liste municipale. »

Avec l'abbé Grégoire, de Gallier aborde la plus grande faute de la Révolution, celle où elle s'est attaquée, non plus seulement aux choses matérielles, mais à la conscience humaine, par la rupture violente avec l'Eglise et l'établissement de la constitution civile du clergé. Cette constitution était une œuvre de lettrés et de jurisconsultes, mais non d'apôtres, tant s'en faut, et, loin de répondre aux besoins et aux tendances de la nation, elle inaugura une religion sans fidèles, une théorie de sophistes, plutôt qu'un culte. Elle fut une mesure absolument injuste et le point de départ de la persécution consentie par une coalition, où l'on trouve pêle-mêle, jansénistes, philosophes, protestants, juifs et incrédules.

Un des principaux fauteurs de cette œuvre si impolitique fut l'abbé Grégoire, et c'est à étudier cette œuvre et ce personnage que de Gallier s'est scrupuleusement appliqué. Dans un travail qui n'est pourtant pas très étendu (87 pages), il a réussi à condenser une quantité considérable de faits, à les mettre en pleine lumière à l'aide d'éléments d'information aussi nombreux qu'autorisés, enfin à faire, sur un sujet de cette grave importance, une étude qui mérite d'être rangée parmi les meilleures et dont il faut tenir compte. Quant à Grégoire, il est démasqué avec une pénétrante analyse qui montre bien tout ce que fut cet homme froidement mauvais, dont l'orgueilleuse vanité pouvait aller de pair avec une hypocrite ambition (1).

Un personnage d'une tout autre allure attira bientôt l'attention d'A. de Gallier, on a nommé Robespierre, dont le rôle, assez effacé à la Constituante, devait ensuite devenir ce que l'on sait. Là encore, la méthode de l'analyse psychologique est savamment appliquée, et les idées neuves n'y manquent pas, surtout quand on nous montre, à n'en pouvoir douter, que chez Maximilien, le scélérat se doublait d'un monomane et d'un déséquilibré (2).

Pour avoir une idée exacte du procédé critique ici employé, nous citerons d'abord le portrait de Robespierre orateur, viendra ensuite celui de l'ordonnateur de la fête de l'Etre suprême ; ce sont là deux côtés caractéristiques de ce prétendu homme d'Etat, de cette physionomie monstrueuse descendue

(1) *Les hommes de la Constituante. — L'abbé Grégoire et le Schisme constitutionnel*, dans *Le Contemporain* de février et mars 1883. On sait que Grégoire, en 1819, fut élu député de l'Isère, par hostilité contre la Restauration, mais cette élection, qui fut justement invalidée, ne faisait guère honneur au bon sens des électeurs, dont le représentant était, à tout prendre, un intrigant suranné et un misanthrope orgueilleux qui se drapait adroitement dans une dignité amère autant que fausse. De Gallier a donné sur cet incident des détails inédits fort intéressants.

(2) *Robespierre, ses principes, son système politique*, dans la *Revue des questions histor.* t. LVI (1896).

jusqu'à la brute et qui, dans sa fièvre d'hallucination produite par l'ivresse du sang, ne voyait partout que des traîtres et des scélérats :

« Après l'utopiste, voyons l'orateur, aussi bien ils ne peuvent se séparer. La langue obscure et tourmentée, qui lui sert à rendre des idées fausses et absolues, témoigne du chaos d'un esprit à la fois obstiné et médiocre. Comme journaliste, il compte peu ; malgré sa grande popularité, il n'arrivera jamais à la vogue du *Père Duchêne* et de l'*Ami du Peuple*... C'est dans ses discours aux deux Assemblées nationales et aux Jacobins qu'il faut le chercher. Une vanité grotesque le domine toujours. Ses procédés oratoires peuvent se classer en deux ou trois époques distinctes et présentent des différences très sensibles. A la Constituante, la source, encore pauvre, qui alimente ses idées, ne laisse couler qu'un petit nombre de sophismes souvent repris. Celui qui reparaît le plus souvent consiste dans la supposition de l'égalité des intelligences. Le peuple est trop bon, les masses trop éclairées, pour n'avoir pas toutes les aptitudes......

« C'est le ton du pédant de collège, bourrant de phrases creuses, son amplification de distribution de prix. Cette vulgarité déclamatoire, que les gens sensés accueillent par un sourire, est un élément de succès auprès du public des tribunes, flatté dans ses passions démagogiques. Le style est lourd, verbeux, plein de banalités, le classique de mauvais aloi d'un lauréat de province.

« Aux Jacobins, de tout temps le terrain le plus solide de Robespierre, sa nature haineuse, gonflée de soupçons, s'épanche plus librement. Loin de procéder désormais par insinuation, la calomnie acquiert dans sa bouche de redoutables proportions. Après avoir dénoncé ses collègues de la Constituante, il poursuit contre les membres de la seconde Assemblée cette tâche d'inquisiteur. Il commence à regarder autour de lui pour marquer ses victimes, et entreprend contre les Girondins une lutte mortelle ; après le 10 août, il provoque directement au massacre. Sur ce fond sombre, sans que le discours ait rien perdu de son emphase, les niaiseries sentimentales disparaissent. La phrase se fait plus courte et comme haletante. C'est la période de transition entre l'avocat discoureur et le pontife qui vaticine.

« Devenu l'instigateur et le maître de la Terreur, le véritable Robespierre se révèle dans toute l'étendue de son curieux cas pathologique ; les objets extérieurs, dont il a perdu la notion exacte, revêtent à ses yeux un caractère uniforme de criminalité. Il est parvenu à communiquer à ses adeptes la fièvre d'hallucination dont il est lui-même atteint. Resté lucide par son esprit d'intrigue et de mensonge, par les moyens d'assouvir sa prodigieuse vanité, ses tenaces ressentiments et ses instincts tyranniques, ce prêtre d'une religion sanglante est au fond un agité de la plus dangereuse espèce. Son regard vigilant discerne partout la trahison s'agitant parmi les aristocrates, dans le sein du peuple, dans les rangs de l'armée, jusque dans les conseils du gouvernement. Réprimée sans cesse, elle renaît chaque fois plus active de ses cendres. La fantasmagorie de cadavres et de poignards, usitée dans les parades de la franc-maçonnerie, revêt ici une réalité terrible.

« On comprend qu'à de telles conditions mentales, il ne faut rien demander qui rappelle les règles ordinaires de l'éloquence. D'ailleurs, à l'incohérence issue des idées vient s'ajouter un désordre calculé. Il s'agit d'entraîner par la passion ou par la crainte, bien plus que d'arriver à la persuasion. Les anciens défauts se sont accrus. On retrouve jusqu'à la satiété les réminiscences pédagogiques des Grecs et des Romains, l'abus perpétuel de la figure de rhétorique connue sous le nom d'apostrophe, le décousu des images, l'impropriété des termes. Les premiers discours étaient divisés comme des sermons. Ici, il n'y a plus trace de plan. Çà et là sont appendus les mots sonores de vertu, de liberté, de justice, clinquant, brillant, dissimulant mal la nudité de la trame. Mais le crime revient plus souvent encore : à travers les divagations et les digressions domine le sombre mysticisme du prophète exterminateur ; parlant un langage sybillin, qui pénètre les plus inoffensifs jusque dans la moelle des os, des menaces mystérieuses ouvrant des horizons toujours plus larges de proscription, un système indéfini de complicités, de vagues catégories d'inculpés, auxquelles nul ne peut se flatter de se dérober. Amené au point voulu de prostration morale, l'auditeur respire avec peine sous ce ciel noir, d'où incessamment la foudre s'échappe pour aller frapper au hasard.

« Robespierre n'était pas né orateur. Ce n'est qu'à l'aide d'un travail acharné qu'il parvient à dégager sa pensée, conservant toujours quelque chose de troublé et d'excessif. Ses débuts à la tribune n'avaient pas été heureux ; sa suffisance, alors si peu justifiée, son emphase d'avocat de province ne soulevaient que des railleries. »

A côté de ce portrait d'une touche si vraie, qu'on lise maintenant cette autre page où de Gallier, en des termes éloquents et d'une haute raison, a décrit l'organisation du déisme officiel de la Révolution, conception insensée, sortie du cerveau mal équilibré de Robespierre :

« La fête de l'Etre suprême fut, à ce qu'il semble, l'apogée de la doctrine, le champ du cygne du terrible mystagogue. Mais il est difficile de faire sortir des deux discours prononcés à cette occasion autre chose que des phrases déclamatoires, on est cruellement désappointé en lisant ces morceaux oratoires qui ont eu tant de retentissement.

« Robespierre prétendait, comme plus tard Napoléon, faire de la religion un instrument de règne. Mais les conceptions d'un homme de génie ne ressemblent guère aux plans confus d'un monomane. Tandis que la raison du Premier Consul se pénétrait de ce principe qu'il n'y avait d'autre issue que le retour au catholicisme par l'accord avec le pape, le créateur du tribunal révolutionnaire entrevoyait à son profit une résurrection du pontificat des empereurs romains, un culte fait de pompes mythologiques, dénué de sanction et de dogmes, réunissant, au lieu de fidèles, des comparses tremblants. Dieu toléré sous le pseudonyme d'Etre suprême en qualité de fonctionnaire nominal de la République, associé, par un exécrable calcul, à la boucherie humaine, descendu, en vertu d'une horrible fiction que la bouche se refuse à prononcer, au rôle de *valet du bourreau*, apparaît comme un outrage à la Majesté divine plus direct et plus ignoble que le triomphe des prostituées à travers les temples profanés, et que les orgies du matérialisme en délire. Il y a une plus grande perversion à oser se servir ainsi de Dieu qu'à le blasphémer et à nier son existence. Au milieu des ténèbres toujours plus épaisses, la plainte des opprimés semble monter vers des cieux vides, sourds au blasphème, inaccessibles à la prière, et cependant la foi des martyrs n'a pas un instant défailli ; les jours faits pour la glorification des erreurs les plus monstrueuses ont ramené à la vérité des philosophes et des hommes frivoles de ce XVIIIe siècle si justement puni ; ils rendaient à l'Eglise légitime des milliers de prêtres constitutionnels.

« Ce déisme gouvernemental, dont les terroristes pensaient être quittes et qui ne pouvait satisfaire la masse du peuple demeuré fidèle au catholicisme, ces protestations de fraternité entre deux hécatombes de sacrifices humains, cette marche du bœuf gras accompagnée de grossières allégories en carton peint, conduite par le despote, dont l'arrogance insulte au principe de l'égalité devant la Convention domestiquée, ces prétentions et cette indigence de pensée eurent le sort de toutes les impostures, et n'éveillèrent que des railleries qui presque ouvertement se firent jour, malgré le danger. Comme si ce dernier crime dépassait en énormité tous ceux commis jusque-là, Robespierre tomba foudroyé en touchant à l'Arche sainte. La Providence, qui semblait dormir, suscita parmi les complices des vengeurs inconscients.

« Celui qui jusqu'ici avait tout osé, avec succès, contre la lâcheté des hommes, rencontre enfin la borne où stupidement il va se briser. Il a eu l'art d'amasser tout contre lui ; il a déçu l'espérance de ce peuple qui voyait, dans le nom de Dieu invoqué, la cessation des massacres ; par son indolence, il est en train de devenir suspect à ses propres partisans ; sa vie est de plus en plus une menace qui frappe au hasard dans les rangs. Le salut exige qu'on le tue.

« Bientôt ses protestations de dévouement au bien public, ses lamentations accoutumées, seront étouffées par les clameurs des révoltés. Proscrit, fugitif, mis hors la loi, il subit dans toute sa rigueur la peine du talion ; le droit de défense, dont il a privé les accusés lui est à son tour refusé ; des mains brutales le livrent sanglant et déjà presque cadavre au couperet de la guillotine, au milieu des malédictions et des trépignements de joie de Paris tout entier debout. »

Ces quelques citations suffisent à montrer avec quelle pénétrante critique de Gallier a su analyser les principes et le système politique de Robespierre, aussi bien cette étude, comme toutes les autres, témoigne-t-elle de sa profonde connaissance de l'histoire de la Révolution, qu'il avait patiemment fouillée dans tous les sens et avec une scrupuleuse attention. Cette partie de son œuvre littéraire n'est ni la moins importante, ni la moins intéressante, et, à voir le réel talent avec lequel il a su la comprendre, on éprouve le regret qu'il n'ait pu achever cette galerie de portraits, ces biographies des personnages révolutionnaires, où il se proposait de faire entrer Siéyès, Mirabeau, Maury (1), d'autres encore, et dont Taine lui disait justement qu'elles étaient nécessaires pour bien remplir le cadre de son livre, ce livre de haute justice et de légitime réparation. Tout ce grand côté avait fortement saisi de Gallier qui, un des premiers, marcha sur les traces du maître dont l'influence sur lui n'est pas douteuse, et se traduit par l'application rigoureuse de la même méthode d'analyse. Au reste, sur ce terrain-là, ces deux hommes s'étaient bien compris, et ils échangeaient leurs vues dans une correspondance qui montre bien quelle entière approbation Taine donnait aux travaux d'A. de Gallier ; mieux

(1) Le marquis de Billiotti, à Orange, petit-neveu de Maury, avait communiqué à de Gallier, tous les papiers avec la correspondance de son grand-oncle. Mais, après examen, de Gallier ne voulut pas se résoudre à en entreprendre la publication. Depuis, un ecclésiastique d'une fécondité aussi grande que superficielle, Mgr Ricard, s'en est fait l'éditeur. Cette publication est-elle bien sincère et sans suppressions volontaires ? Nous n'oserions l'affirmer. Il est sûr que plusieurs de ces documents ne sont guère favorables à Maury qui, sous l'Empire, a joué un rôle peu brillant. Restons sur cet euphémisme.

que personne il était à même d'en connaître la valeur, et il sut le lui dire (1).

En même temps que l'histoire de la Révolution le captivait au point que l'on sait, son attention s'était portée ailleurs, vers une époque et une société bien différentes de sentiments, de passions et de tendances, c'était l'Italie du XVe siècle, dans cette fin du moyen âge, où les contrastes les plus violents se firent jour avec une intensité inouïe. Ayant eu communication de quelques documents inédits relatifs à César Borgia, duc de Valentinois, il en profita pour élargir le cadre qui entoure la figure sinistre du célèbre condottiere (2). Il mit à contribution toutes les sources imprimées un peu importantes depuis le XVIe siècle jusqu'à nos jours, et, à l'aide de tous ces matériaux, il reconstitua le milieu social où avait vécu ce prince cruel, et qui l'explique sans toutefois le justifier. Même après des historiens de valeur, comme Gregorovius et Yriarte, de Gallier sut être neuf sur plus d'un point, complétant et rectifiant au besoin tous ses devanciers. Il a dit sur les Borgia, sur Alexandre VI notamment, la vérité tout entière dans un jugement équitable qui condamne à la fois les panégyristes à outrance et mal informés, et les détracteurs de parti pris qui, altérant les faits, n'ont pas reculé devant la calomnie la plus odieuse.

(1) Les lettres de Taine, que de Gallier nous avait montrées ainsi qu'à d'autres amis, notamment M. Brun-Durand, n'ont pu être retrouvées, et c'est vraiment dommage, car elles sont toutes à son éloge et leur place était naturellement marquée ici.

(2) *César Borgia, duc de Valentinois et Documents inédits sur son séjour en France*, dans le *Bulletin de la Société d'Archéologie de la Drôme*, t. XXVIII et t. XXIX. Tirage à part, Paris, Picard, in-8° 1895.

Aussi son étude a-t-elle mérité d'être signalée par le savant auteur de l'*Histoire des Papes*, M. le Dr Louis Pastor, professeur d'histoire à l'Université d'Innsbrück (1).

De Gallier a très bien compris la société et les mœurs italiennes du xve siècle, et la peinture qu'il en a tracée, semble la faire revivre sous nos yeux, dans une saisissante réalité.

Dans les derniers temps de sa vie, il y revint encore, envisageant son premier travail sous un horizon beaucoup plus vaste, de façon à former tout un volume sous ce titre : *Mœurs italiennes du Moyen Age et de la Renaissance*. Il en avait esquissé l'ébauche, qu'il fouillait avec soin, réunissant des livres et prenant des notes, lorsqu'il mourut sans avoir pu achever cette œuvre. Nous en avons retrouvé un canevas indiquant les divers points qu'il se proposait de traiter, et dont l'énoncé seul nous montre assez combien ce livre aurait présenté un puissant intérêt (2). Ce travail sur César

(1) *Histoire des Papes depuis la fin du moyen âge*, t. VI, p. 62.

(2) Voici le canevas retrouvé dans ses papiers :

MŒURS ITALIENNES DU MOYEN AGE ET DE LA RENAISSANCE

Introduction

La condition troublée de l'Italie. Manque de sécurité.

Livre 1er, l'Eglise

Ch. I. — Influence de la Papauté sur l'Italie et principalement sur les Etats Pontificaux. Le séjour à Avignon et le grand schisme d'Occident ont rompu la tradition et affaibli le prestige.

Ch. II. — Les moines et les saints.

Ch. III. — Les abus ecclésiastiques.

Ch. IV. — Les hérésies.

Borgia (1894) précéda l'étude consacrée à Robespierre (1896). Ce furent les dernières publications d'A. de Gallier, celles qui terminent toute sa carrière de lettré et d'érudit, et dont les pages qui précèdent ont pu donner au lecteur une appréciation suffisamment motivée.

Ch. V. — Le sentiment religieux dans le peuple. Les légendes et superstitions.

Livre II, les Gouvernements

Ch. I. — Les Républiques.
Ch. II. — Les tyrans. Opposition avec le sentiment chevaleresque français.
Ch. III. — Les barons romains.
Ch. IV. — Les meurtres politiques.

Livre III, le Peuple

Ch. I. — Condition et éducation du peuple.
Ch. II. — La Vendetta.
Ch. III. — L'armée et le brigandage.

Livre IV, la Femme

Ch. I. — La femme selon l'Evangile.
Ch. II. — L'héroïne ou la virago.
Ch. III. — La lettrée.
Ch. IV. — L'amoureuse.
Ch. V. — La criminelle.
Ch. VI. — La courtisane.

Nous ferons observer que le savant livre du Dr Pastor, indiqué plus haut, a remarquablement traité le même sujet, dans une étude des mœurs italiennes, (t. V, Introduction, p. 1-225), que de Gallier n'a pas connue, car la traduction française n'en a paru qu'après sa mort (mars 1898). Par les quelques fragments qu'il a pu rédiger, et par ce qu'il nous en a souvent dit en conversation, nous avons été frappé de voir combien l'accord aurait été complet entre ces deux esprits si perspicaces. Cependant, il était plus favorable à Savonarole que le savant Allemand. On sait que ce dernier vient de répondre à ses contradicteurs par une nouvelle étude de la question. Pour être vraiment équitable, il conviendrait de juger Savonarole, non d'après nos idées modernes, mais d'après celles du XVe siècle, et ce point de vue semble avoir été négligé par le Dr Pastor.

V

La personnalité d'A. de Gallier. — Le bibliophile. — Le lettré. — L'ami. — Hospitalité et charité de sa maison. — Deuils et tristesse. — Poésies. — Voyages en Italie. — Les dernières années.

Cette étude serait vraiment incomplète si nous ne disions encore ce que furent chez A. de Gallier le bibliophile et l'ami, et comment ces deux côtés intéressants de sa physionomie eurent leur entière et belle expansion dans sa vie retirée à Tain, au milieu de tous les siens.

De très bonne heure de Gallier aima les livres qui ont été, on peut le dire, l'unique passion de toute sa vie, passion irrésistible et dont il fut impuissant à se défaire, ce qui est le cas de tous les bibliophiles. Dès l'âge de quinze ans, il commença à se former une bibliothèque qui, avec le temps, est devenue considérable aux mains d'un particulier. Vers 1845, il en dressait déjà un petit catalogue, où la religion, la philosophie et l'histoire occupent une place prépondérante. Pendant plus d'un demi siècle, il l'agrandit successivement, non sur un plan uniforme et arrêté d'avance, mais selon les circonstances et surtout d'après les besoins de ses divers travaux.

Au début, outre les principaux auteurs de l'antiquité classique, les grands écrivains Français, Allemands et Italiens attirèrent son attention et il eut soin de se munir de leurs œuvres.

Lorsqu'il aborda les études historiques, il donna alors à sa bibliothèque un développement conforme à ses nouveaux goûts. C'est ainsi qu'il se procura, pour l'histoire du moyen âge, plusieurs grands ouvrages d'érudition. Il collectionna ensuite sur le XVIe siècle, les guerres de Religion, la Saint-Barthélemy et la Ligue ; sur ces divers points, il constitua tout un fond bien fourni, où l'on retrouve même plus d'une pièce rare.

L'ancien Régime, qu'il étudia avec une prédilection marquée, l'amena à se procurer de nombreux livres relatifs soit aux généralités, soit aux détails du sujet ; sur le XVIIe et le XVIIIe siècles notamment il réunit quantité de Mémoires et de Correspondances, ainsi qu'une précieuse collection en six volumes in-folio, recueil factice de curieux factums, presque introuvables aujourd'hui, concernant les controverses théologiques sous le régime de l'Edit de Nantes. Ce recueil avait été formé avec un soin intelligent par les Jésuites du collège de Tournon, et de Gallier l'acheta, lorsqu'en diverses fois l'administration du lycée de cette ville vendit bon nombre de livres d'une bibliothèque savamment composée, dont les universitaires n'avaient pas même soupçonné la valeur.

Quant à l'histoire de la Révolution, il ne cessa de se procurer des livres de toutes sortes et dans toutes les opinions. Sur ce point il eut une collection spéciale, modeste sans doute, mais cependant assez respectable.

Il fit de même pour la science du blason et les généalogies, ainsi que pour l'Italie sous le rapport historique et artistique.

Mais la partie peut-être la plus importante de sa bibliothèque était celle qui concernait le Dauphiné et les provinces voisines. Dans cet ordre d'idées, il ne cessa jamais de se procurer toutes les publications dont il apprenait l'existence, toutefois à des prix raisonnables. Nous ne pouvons entrer ici dans aucun détail ; qu'il suffise de dire qu'en dehors des livres dauphinois, très amplement représentés, il sut réunir les principales publications des Bénédictins et d'autres savants sur le Languedoc, la Provence, le Forez, le Lyonnais, la Bourgogne, la Franche-Comté, la Bresse, le Bugey, la Suisse et la Savoie.

Tout cet ensemble constitue une bibliothèque très variée, et qui, sans être de premier ordre, a pourtant quelque importance, et offre de bons instruments de travail (1). Car il est inutile d'ajouter que de Gallier n'achetait pas les livres uniquement pour la vaine satisfaction de les posséder, mais bien pour s'en servir. C'était là, en effet, son unique objectif, et il a su l'atteindre par toute une vie d'étude austère, comme en témoignent ses nombreuses publications. Ajoutons qu'il avait

(1) Ses enfants ont pieusement gardé toute cette bibliothèque, qui sera sous peu installée dans un local nouveau, la chambre même de leur père. On ne pouvait lui donner une meilleure destination. Ajoutons que, chargé par eux de la conserver, nous allons en faire le classement et le catalogue sur fiches. En l'état, nous ne croyons rien exagérer en disant qu'elle comprend environ 10,000 volumes au moins. Là seront rangés avec soin la collection d'autographes et toute la correspondance.

formé une assez riche collection d'autographes, parfaitement classée et d'un intérêt peu ordinaire.

Il était éminemment bibliophile, et il l'était non seulement par son amour des livres, mais surtout par l'admirable connaissance qu'il en avait. On peut même dire qu'il était lui-même une bibliothèque vivante. A cet égard, il était servi par une mémoire vraiment prodigieuse, et qu'on n'aurait pas facilement prise en défaut. Quand une fois il avait vu un livre, il en retenait immédiatement le titre, le format, la date, la pagination, bref, toute la description technique, et après vingt, trente, quarante ans même, il en parlait sans la moindre hésitation, et le contrôle prouvait qu'il ne s'était trompé sur aucun détail ! Ce n'est pas tout. Le contenu des livres restait exactement gravé dans son esprit, et, ici, il était servi par un sens critique très affiné. Du premier coup d'œil, il saisissait le fort et le faible d'un auteur, quel qu'il fût. Aussi savait-il, avec autant de promptitude que de sûreté dans le jugement, en démêler les qualités et les défauts, les défauts surtout, car il était très difficile, et ne pouvait supporter l'apparence même de la médiocrité. Il allait droit à la pensée, et il ne la goûtait qu'autant qu'elle sortait de la banalité pour s'élever au-dessus d'une bonne moyenne. Doué d'un goût très pur, avec une âme délicate, portée à la tristesse et à la poésie, il attachait une grande importance à la forme littéraire, dont il reconnaissait vite la valeur réelle ; sur ce point, le critique, chez lui, était sévère, presque intraitable.

En Dauphiné, comme dans la région avoisinante, sa réputation de lettré et d'érudit était bien connue, mais il n'entrait pas dans ses intentions qu'elle s'étendît au-delà de ce cercle étroit. Renfermé dans son coin de province, il ne chercha jamais à élargir son horizon ; il ne craignait rien tant que d'attirer l'attention sur sa personne et ne désirait qu'une chose : le calme et l'obscurité de la vie. C'est dire qu'il fut modeste, s'effaçant volontiers devant les autres. Il donna de sa modestie une preuve bien remarquable et qui n'est pas connue : en 1875, au ministère de l'Instruction publique, sous M. H. Wallon, on songea à lui accorder une distinction honorifique assurément très enviée, et qui n'était autre que la décoration de la Légion d'honneur. Il fut pressenti de la chose, mais il s'y refusa nettement, disant que d'autres membres de la Société d'Archéologie méritaient mieux que lui cette distinction, et que tant qu'ils ne l'auraient pas, il ne s'en jugeait pas digne lui-même. Un ami influent le sollicita alors d'accepter tout au moins le titre de Correspondant du Ministère. Sur ce point encore il fut intraitable. Au reste, il ne voulut jamais rien être, ni rien recevoir, et il aimait à plaisanter sur la vanité humaine si ridiculement développée dans le monde des lettres et aussi... dans l'autre (1). Un jour, il vit arriver chez lui un archéologue dauphinois, mort aujourd'hui, qui le pria de lui obtenir du bey de Tunis la décoration de l'ordre de Nicham, et ce, par

(1) Ce qui l'amusa beaucoup, ce fut de voir un de ses fournisseurs obtenir les palmes d'officier de l'Instruction publique. Or, ce brave homme lui écrivait dans un style et avec une orthographe qui, en fait d'incorrection, étaient bien tout ce qu'on peut rêver de plus fantaisiste. Après tout, disait de Gallier, il a bien raison de s'en vanter, car les distinctions officielles valent encore moins que sa culture intellectuelle.

l'entremise d'un ami assurément en mesure d'aboutir. De Gallier s'y prêta volontiers et la chose se fit ; en lui en faisant connaître le résultat, son ami lui dit : « Je ne vous parle pas de décoration, car je connais trop la dignité de votre caractère pour vous croire accessible à une si vulgaire tentation. » S'il resta, pendant tant d'années, président de la Société d'Archéologie de la Drôme, c'est qu'il y voyait moins une dignité personnelle qu'un moyen d'être utile à tous, c'est que surtout il ne pouvait songer à se soustraire à une charge où le maintenait chaque fois l'unanimité des suffrages. Un peu auparavant, sur les instances réitérées de Gariel, bibliothécaire de la ville de Grenoble, il consentit pourtant à faire partie de la *Société des bibliophiles Dauphinois*, sous la présidence du marquis de Bérenger (1868), et où figurait un homme de caractère et de valeur qu'il avait en haute estime, Eugène Chaper, si justement appelé « le prince des bibliophiles dauphinois (1). » Que de fois il nous a dit : « Je ne suis qu'un curieux, qui pour sa satisfaction personnelle a aimé l'étude et interrogé le passé. Les mots de savants et de lettrés sont essentiellement relatifs. Nous pouvons l'être à Tain, à condition de ne pas dépasser le ruisseau de Croze, mais au-delà ? » Evidemment il exagérait, cependant quand il disait : « Je ne suis qu'un curieux, » il était très sincère, mais nous sommes en droit d'avoir de lui une autre et meilleure opinion (2).

(1) U. Chevalier, dans le *Bulletin d'hist. ecclés. des diocèses de Valence, Gap, Grenoble et Viviers*, 7e année, p. 177.

(2) En fait de savants, il y eut pour l'un d'entre eux, à Tain même, une déconvenue assez plaisante. Un membre de la Société d'Archéolo-

Ce n'était cependant pas assez pour lui de si bien connaître et aimer les livres, il possédait encore une qualité assez rare chez les bibliophiles : la complaisance. Il était heureux, en effet, de savoir que sa bibliothèque pouvait servir à d'autres qu'à lui et tout son plaisir était de la mettre à l'entière disposition des travailleurs. A cet égard il fut d'une libéralité sans bornes et tous ceux qui en ont bénéficié — et Dieu sait s'ils sont nombreux ! — ont été unanimes à le reconnaître et à l'en remercier. Il n'en ignorait pourtant pas les inconvénients, car il savait tout ce qui a été dit là-dessus, parfois avec beaucoup d'esprit. Il donnait alors l'énumération des principaux ennemis des livres, rangés par ordre de perversité dans cette trop réelle progression : l'humidité, les rats et les emprunteurs. Il eut affaire avec

gie de France, s'y était rendu pour examiner de près le fameux taurobole, situé sur une place qui porte ce nom. Malheureusement il ne pouvait venir à bout d'en retrouver l'inscription, et il l'aurait cherchée longtemps, sans un boulanger qui lui montra que ce qu'il prenait pour le taurobole, était tout simplement le poids à bascule !

Un jour, de Gallier reçut une lettre d'un savant absorbé dans la science préhistorique, lequel lui faisait savoir qu'il viendrait à Tain visiter une grotte, à l'Hermitage, où devaient se trouver des ossements humains remontant à l'époque quaternaire. Effectivement il arriva. On eut beau lui dire qu'il allait se fourvoyer, rien n'y fit. Il prit un manœuvre qui, sous ses yeux, fouilla le sol de la grotte, et... bientôt mit à jour des crânes et des tibias ! On devine quels furent la surprise du propriétaire et le triomphe du savant ; celui-ci s'empressa de rédiger là-dessus un mémoire, qui heureusement ne fut pas publié, car de Gallier lui apprit, que ces ossements prétendus de l'âge quaternaire étaient ceux de Carlistes internés à Tain en 1838, et qui, morts du choléra, avaient été ensevelis dans les grottes en question. De Gallier ajoutait : « On a tant de peine à débrouiller les choses historiques, s'il faut encore éclaircir les *préhistoriques*, dans quel chaos n'allons-nous pas tomber ? »

les deux derniers, et je crois bien qu'il ne put jamais venir à bout des seconds ; quant aux troisièmes, ils furent si considérables, qu'il n'est pas étonnant que dans le nombre il se soit trouvé quelques oublieux, volontaires ou non. Outre ses collègues de la *Société d'Archéologie*, que nous avons déjà mentionnés, combien d'autres ont mis à contribution sa riche bibliothèque ! Combien sont venus chez lui attirés par la bienveillance et la distinction du lettré ! Tous étaient guidés par la pensée de demander un conseil, de faire appel à ses lumières et d'en tirer plus d'un utile renseignement. Que de noms à mentionner ici ! Citons au moins le marquis de Costa, A. de Terrebasse, J. Baux, Ch. de Ribbes, le baron Pichon président de la Société des bibliophiles de France, P. Allut, le P. Prat, Péricaud, Forneron, Ernest Daudet, G. Vallier, de Poncins, de Charpin, Léon Roches, H. d'Ideville, Lavedan, le P. Apollinaire de Valence, le chanoine Rouchier de Viviers, E. de Barthélemy, R. de Maulde, Maurice de Boissieu, Paul Leblanc de Brioude, etc.

Avec tous il entretint les meilleures relations, qui se traduisaient soit par visites, soit par lettres. Il était particulièrement lié avec Jules Baux, archiviste de l'Ain, savant modeste, qu'il avait connu à Bourg chez son beau-père, M. de Molaing ; avec Charles de Ribbes, disciple de Le Play, et économiste distingué, dont les lettres sont remarquablement pensées et écrites ; avec son cousin Paul Allut, l'historien de Symphorien Champier et du P. Ménestrier. Quant au marquis Costa de Beauregard, gentilhomme Savoisien très érudit et très chrétien, et ancien grand écuyer du roi Charles-Albert, de Gallier allait le voir à son château de la Motte, près de Chambéry, où il trouvait, avec une riche bibliothèque, la plus aimable hospitalité. Ils échangèrent une correspondance suivie, fort intéressante pour les années 1859 et 1860, où de Costa, sénateur du royaume de Piémont, appréciait avec beaucoup de justesse les événements politiques du temps, notamment l'intervention en Italie et l'annexion de la Savoie, à laquelle il prit, avec le cardinal Billiet archevêque de Chambéry, une part qu'on peut dire décisive (1).

Enfin, un de ses meilleurs amis fut le comte de Poncins, président de la *Diana* à Montbrison, et qui reçut souvent A. de Gallier dans son château du Palais près de Feurs. Tous les deux étaient étroitement unis par les mêmes goûts d'étude, car de Poncins fut un érudit de valeur, témoin son beau et bon livre : *Les Cahiers*

(1) A sa mort (sept. 1864), de Gallier écrivit à Madame de Costa, pour lui exprimer toute sa vive et sincère douleur. Un des fils, le comte Henri de Costa, attaché d'ambassade, l'en remercia par ces mots délicats :

Mardi, 27 septembre 1864.

Monsieur,

Ma mère me charge de vous dire combien elle a été touchée de votre belle lettre. C'est dans la douleur que les témoignages de sympathie sont utiles et précieux. Les regrets que l'on donne à notre pauvre père nous font voir combien il était estimé et aimé des gens qui l'ont connu.

Sa vie a été pour nous tous un exemple ; sa mort a été une leçon. Il n'y a que les saints qui aient une pareille sérénité à leurs derniers moments.

Veuillez agréer, etc.

Ct H. Costa.

de 89 ; mais il y avait surtout entre eux une conformité absolue de principes religieux et politiques, et ce lien puissant donnait à leur amitié un degré d'intimité bien grand.

A Tain même, outre A. du Boys, de Gallier fréquentait un homme de réelle valeur, M. Léon Roches, ancien interprète de l'armée d'Afrique, et secrétaire, avec Louis Veuillot, du maréchal Bugeaud. Il rencontra chez lui M. Lavedan et Henry d'Ideville, autrefois attaché d'ambassade à Florence, et depuis historien de Bugeaud, dont Léon Roches ne parlait qu'avec admiration.

Toutes ces relations plaisaient beaucoup à de Gallier et apportaient à sa vie de lettré plus d'un heureux avantage.

Sa grande connaissance des livres lui permettait de rendre à ses visiteurs des services inappréciables. Entre tant d'exemples à citer, nous rappellerons seulement que le doyen de la Faculté des lettres de Grenoble, A. Macé, venant à Tournon pour les sessions du baccalauréat ne manquait jamais de passer ses heures libres chez A. de Gallier, à qui il recommandait de jeunes professeurs de l'Université en vue de leurs thèses de doctorat. De Gallier les recevait alors avec cette affabilité qui le distinguait toujours, causait avec eux de leurs travaux, leur indiquait les sources à consulter, la manière de s'en servir et leur prêtait les livres nécessaires. Après le succès, plus d'un heureux candidat lui a écrit pour le remercier, lui attribuant une part légitime dans le résultat final.

C'est surtout dans la conversation que de Gallier déployait toutes les ressources de son esprit. Il avait une facilité d'élocution étonnante, dans un langage toujours correct et jamais vulgaire, et où la propriété des termes était remarquablement observée. Avec lui on pouvait aborder toutes les plus hautes questions : religion, philosophie, histoire, littérature, beaux-arts, politique, et, sur toutes, apparaissait le penseur qui savait être tour à tour grave, ironique, plaisant, caustique, mais toujours spirituel et intéressant. En cela, il était servi par sa mémoire vraiment exceptionnelle et, comme il avait beaucoup de lecture, les traits et les citations arrivaient avec le plus heureux à propos. Un de ceux qui l'ont le mieux connu, et que de Gallier a particulièrement aimé, M. Morin-Pons, a pu dire avec raison : « Près de quarante années de relations douces et charmantes m'unissaient à A. de Gallier. Pendant ce long espace de vie, quel échange de pensées, quelle activité de correspondance en vue de l'exploitation de ce fonds commun que la vieille et chère patrie Dauphinoise offrait à notre avide curiosité. Peu à peu, la courtoisie de nos premières relations s'était doublée d'une sympathie très accentuée, prélude à son tour d'une réelle amitié. C'était le temps heureux des longues causeries où les heures s'envolaient. Servi par une mémoire prodigieuse, Anatole de Gallier semait sans les compter les traits de son esprit finement observateur, dont l'aimable enjouement ne se refusait pas à l'occasion une légère pointe de causticité, trop délicate pour altérer son instinctive bienveillance. Au cours de ces entretiens, un mot, un nom suffisaient pour créer une parenthèse bientôt suivie d'une autre et les chemins les plus variés s'ouvraient au risque de faire oublier le point de départ. C'est que de Gallier était par-dessus tout ce qu'on a le droit d'appeler un intellectuel, dans la saine et légitime acception de ce mot (1). »

Ces belles paroles expriment bien toutes choses, et tous ceux qui ont vécu dans l'intimité d'A. de Gallier, le reconnaîtront sans peine dans chacun des détails de ce portrait tracé avec autant de finesse que de vérité.

Tous les pèlerins de la science étaient naturellement reçus dans la bibliothèque. Quant aux intimes, ils jouissaient de l'hospitalité si cordiale de la famille, et alors s'écoulaient au salon ces heures de spirituelle et intéressante conversation qu'on vient de nous décrire d'une façon si charmante (2).

(1) Discours prononcé aux funérailles d'A. de Gallier, *Bull. de la Société d'Archéologie*, t. XXXIII, p. 191.

(2) Il y avait dans ce salon deux peintures remarquables, l'une représentant Sainte Madeleine, de l'école du Titien et d'une belle exécution, avec un cadre superbe, ce qui ne gâte rien. L'autre, d'une valeur historique incontestable : c'est le portrait de Bossuet, jeune évêque de Condom (1669). Ce portrait n'est pas connu. Il rappelle celui qui est conservé au grand séminaire de Meaux, peint par Mignard. Nous l'avons fait reproduire par la photographie. Le regretté M. Lebarcq, qui a donné l'édition définitive des Œuvres oratoires de Bossuet, après avoir vu cette photographie, nous a écrit : « La tête est vraiment jolie, elle me fait supposer que la peinture est en bon état de conservation. Ce serait un avantage précieux, et à ce titre elle l'emporterait sur celle de Mignard qui se voit au grand séminaire de Meaux » (Lettre du 21 janvier 1895). Nous comptons publier une note sur ce portrait qui est venu dans la famille de Gallier en 1817. Cette année là, le père d'Anatole recueillit à Dijon une part dans la succession d'une vieille Mlle du May, apparentée aux Bossuet et cousine des Revoyrat de Nèves, près de Vienne en Dauphiné. Or, la grand'mère d'Anatole était Revoyrat.

En dehors de sa valeur personnelle et de la droiture de son caractère, ce qui achevait de le rendre très sympathique, c'est que sa vieille demeure avait une réputation d'hospitalité vraiment proverbiale, que rehaussait en outre la plus grande des vertus chrétiennes, la charité. Les habitants de Tain savaient tous, à n'en pouvoir douter, que ce n'étaient pas seulement les livres et les savants qu'il aimait, mais, ce qui vaut mieux encore, les pauvres et les malheureux, qui ont bien connu, eux aussi, le chemin de sa maison ! C'est dire qu'il a pratiqué la charité avec une scrupuleuse conviction, ne se lassant jamais de donner et estimant qu'il y avait dans l'aumône un double devoir de justice : envers ses semblables pour les secourir, et envers soi-même pour être pardonné par Celui dont tous les hommes sont justiciables.

Mais, dans sa maison, la plus douce comme la plus aimable personnification de la charité était bien Madame Anatole de Gallier. Très belle et très intelligente, d'une grande distinction jointe à beaucoup de simplicité, elle avait à la fois une finesse d'esprit, une aménité de caractère et une bonté de cœur dont tous ceux qui l'ont connue n'ont pu s'empêcher de subir le charme.

Comment en parlerions-nous autrement, nous qui, jeune encore, avions frappé à la porte de cette demeure, attiré par la réputation de l'érudit qui l'habitait, afin d'en recevoir une véritable direction scientifique ? De sa part l'accueil fut tout de suite très cordial, et Madame de Gallier, qui avait vite vu l'embarras et la timidité du visiteur, vint charitablement à son aide et le remonta d'un mot : « *Vous nous avez fait grand plaisir ; revenez souvent.* » Et nous sommes revenu ! Que de fois nous avons franchi le seuil de cette maison hospitalière entre toutes ! Et de quelle affection nous l'avons entourée, dans les bons comme dans les mauvais jours ! Après bien des années, son souvenir est resté vivant dans notre cœur reconnaissant, et ce souvenir est d'autant plus durable qu'il y a, autour de ce passé déjà lointain, une véritable auréole de charité chrétienne. Disons-le donc : Madame de Gallier aima également beaucoup les pauvres. Quand il lui arrivait de nous écrire, ce n'était que pour nous en signaler de nouveaux, nous indiquer leurs habitations et leurs besoins, et nous prier instamment de les visiter et de les secourir. Il est telle de ses lettres qui est tout simplement, et sans qu'elle s'en soit doutée, un chef-d'œuvre de foi et de charité. Dieu l'en a récompensée, car elle aussi « fut douce envers la mort, comme elle l'était envers tout le monde » (1) et dans le calme et la sérénité de son âme elle vit se réaliser la divine parole : « *Bienheureux celui qui sait comprendre le pauvre et l'indigent, le Seigneur le sauvera au jour mauvais.* »

Avec le temps, nos relations s'étaient resserrées et devinrent de plus en plus affectueuses jusqu'à nous introduire dans l'intimité même de la famille. Ce fut alors, avec lui et les siens, une douce et grande amitié, où nos cœurs, toujours bien unis, n'ont jamais cessé de se comprendre et de s'aimer !

(1) Bossuet, *Oraison funèbre d'Henriette d'Angleterre*, édition Lebarq, t. V, p. 668.

Cependant, A. de Gallier avançait dans la vie, et, pour lui, le poids des ans se faisait d'autant plus cruellement sentir qu'il fut, coup sur coup, frappé dans ses plus tendres affections. Au mois de janvier 1881, il perdit sa mère, cette mère pour laquelle il avait tant de respect et d'amour ! Il reçut d'un ami, Jules Baux, une touchante lettre, qui fait le plus grand honneur à celui qui l'a écrite comme à celui qui l'a méritée :

Bourg, 31 janvier 1881.

MONSIEUR ET TRÈS HONORABLE AMI,

Je viens de recevoir avec une très vive émotion la lettre funèbre qui m'annonce la fin si regrettable pour vous et pour les vôtres de Madame votre mère. Je sais quelle affection vous aviez pour elle et de quelle vénération vous l'avez entourée durant sa longue existence. Je me rends très bien compte du vide que cette perte si douloureuse va faire autour de vous et des tristesses auxquelles l'heure présente est si peu propre à apporter aucune diversion. Veuillez être assuré, Monsieur et bien cher ami, que je prends la plus vive part à votre légitime et amer chagrin. Comme vous, j'ai subi ces inconsolables épreuves, aussi votre situation présente est-elle l'objet de mes plus amicales sympathies. Deux mois me séparent à peine de ma 75e année. C'est vous dire assez que j'ai vu disparaître successivement la plupart des êtres auxquels j'étais indissolublement attaché par les liens du sang et de l'amitié. Aussi vois-je chaque jour s'étendre ma solitude ; heureusement j'y ai rencontré Dieu auprès duquel je m'efforce chaque jour de me rapprocher davantage. Cette évolution est la seule chose qui m'ait procuré une appréciable consolation, celle d'appeler sur ceux que j'ai aimés sa miséricordieuse bonté, ainsi que sur moi-même qui ne tarderai pas à les rejoindre. Cette disposition de mon esprit, que je confie à votre discrétion, a l'inestimable avantage de me familiariser avec la pensée de la mort, et de ne pas lui attribuer *des rigueurs à nulle autre pareilles*.

Votre ami plus affectionné que jamais.

Jules Baux.

Peu d'années après, la mort de Madame de Gallier (novembre 1885) fit à son foyer un vide plus grand et plus cruel encore. Sous le coup de la douleur, sa vie lui sembla brisée, et, découragé, anéanti même, il se renferma dans un morne silence, ne voulant voir personne, sauf quelques rares amis. Un jour, nous envoyant l'image mortuaire de la défunte, il nous écrivit ce billet si douloureux dans son laconisme :

Mon cher ami,

Je vous envoie un *memento* de ma chère morte. Priez pour elle et pour moi. J'en ai tant besoin !

Quand vous aurez un moment, venez nous voir. Je suis seul pour huit jours avec ma sœur. Mes enfants sont à Genève. Vous savez combien nous vous aimons !

Anatole.

Cette sœur, qu'il affectionnait tant, ne devait pas tarder à lui être ravie (octobre 1889), et ce deuil, s'ajoutant aux autres, le remplit d'une amère tristesse. Un soir d'hiver, le 31 décembre de cette même année 1889, sa pensée se reportant sur toutes les douleurs qui l'avaient frappé dans cette vieille maison, où il avait vu disparaître successivement tous ceux qu'il aimait, il ne put retenir le cri de son cœur, et il écrivit cette poésie toute empreinte de la plus triste mélancolie :

LA MAISON DES MORTS

La grande maison est un cimetière
Rempli d'un cruel et cher souvenir.
L'on entend errer dans la nuit entière,
Fantômes aimés, ceux qu'on vit mourir.

Le premier des morts brillait d'espérance ;
Le printemps en fleur rayonnait sur lui.
La ville éternelle a vu son enfance,
Rome le reprend avant qu'il ait lui.

Le funèbre appel fait lever mon père,
Sous le poids des ans juste vénéré.
La mort le frappant lui disait : « Espère,
Ta vie amassa le trésor sacré. »

Ce fut votre tour courageuse fille
Qui sous la Terreur n'avez pas tremblé.
Dans le culte ardent de votre famille
Chacun de vos jours s'était écoulé.

Je te vois toujours sur ta froide couche,
Mère, dont je fus le plus grand amour,
Les derniers soupirs sortis de ta bouche
A Dieu s'adressaient, à moi tour à tour.

Ton âme de mère a vécu d'alarmes,
Nature virile et tendre à la fois.
Ta fille eut de toi la source des larmes,
Cœur toujours saignant des clous de la croix.

Sur le froid Léman où passent les voiles,
D'un été trop court l'hiver est vainqueur.
Sous le morne éclat des pâles étoiles
La fleur s'est brisée emportant mon cœur.

Un souffle glacé vient des Pyrénées,
De la ville noire atteint la hauteur,
Dans le cloître obscur les sœurs prosternées
Ont prié pour l'ange aujourd'hui leur sœur.

Ceux qui m'ont aimé dorment sous la pierre ;
La ronce a couvert mon étroit sentier.
Dans mes tristes jours, je sens leur prière
Passer sur mon front resté le dernier.

La grande maison est un cimetière,
Rempli d'un cruel et cher souvenir.
L'on entend errer dans la nuit entière,
Fantômes aimés, ceux qu'on vit mourir.

Il laissa encore échapper de son âme une navrante expression de douleur, et, dans une grande poésie, il dépeignit le triste cortège des misères et des souffrances de l'humanité, dans lesquelles il fit sa part, et quelle part ! Les couleurs en sont bien sombres, et les accents déchirants, mais une invocation au Christ Rédempteur et un cri d'espoir en la miséricorde divine font à ce tableau lugubre et presque décourageant une contre-partie aussi juste que consolante :

ÉLÉVATION

Salva nos, perimus.

Verbe divin, dont la sagesse
Plane sur les mornes humains,
O Toi, vers qui notre détresse
Regarde en se tordant les mains.

D'un rayon d'or, de vive flamme,
De souffles pervers et subtils,
Tu voulus composer notre âme,
Tu nous fis grands, tu nous fis vils.

A ce qui luit, à ce qui brûle,
Nos désirs courent follement,
Et notre ardeur, toujours crédule,
Epuise tout en un moment.

Nous sommes le miroir fragile
Où se contemplent les passants,
Nous sommes le vase d'argile
Qui ne garde rien dans ses flancs.

Flux et reflux, rêves, idoles
Qu'on adore et qu'on foule aux pieds,
Regrets muets, vaines paroles,
Remords des êtres oubliés.

Fraîches effusions de tendresses
Qui refont jeunes et meilleurs,
Ardeur des sens, dont les ivresses
Sont plus amères que les pleurs.

Ce que l'inconnu nous envoie,
Douleur fidèle à chaque jour,
Sourire ébauché de la joie,
Vont se succédant tour à tour.

Sentir le beau, le bien, le juste,
Contempler d'un œil ébloui,
O vérité, ta face auguste
Sur l'Horeb ou le Sinaï.

Puis retomber dans la poussière
Où l'éternel serpent nous mord,
Subir la souillure grossière
Des voluptés et de la mort.

Deuil sans nom, misère infinie,
Supplice toujours renaissant
Qui brise l'essor du génie,
Qui corrompt la sève et le sang.

Hélas ! puisque notre odyssée
Tourne dans un cercle fatal,
Que la lutte est presque insensée,
Que le mal engendre le mal,

A quoi bon vivre ? A quoi bon croire
A l'idéal, au lendemain ?
Pourquoi tenter le luth d'ivoire
Qui se ternit sous notre main ?

Fatiguer la toile ou la pierre
Sous l'ardeur de nos vains efforts ?
Graver son nom sur la poussière ?
Même les plus purs, les plus forts,

Meurtris, souillés, chargés de doute
Poursuivant un but qui les fuit,
S'arrêtent un jour sur leur route
Pour disparaître dans la nuit.

A ce qui passe, à ce qui tombe,
S'est brisé leur bras affaibli ;
Nous sommes promis à la tombe,
Nous appartenons à l'oubli.

Oublier et mourir voilà notre espérance,
Voilà le seul bonheur que l'homme ait su trouver,
Avec terreur pourtant on voit la délivrance
Qui du fardeau mortel vient à nous soulever.

Echappant à la nuit pour retourner dans l'ombre,
Suspendus, en tremblant, sur l'énigme inconnu,
Notre chemin fatal se perd au gouffre sombre,
Où chacun disparaît, d'où nul n'est revenu !

Pour la première fois, lorsque tourna la terre,
Muet jusque-là, l'espace entendit retentir
L'hymne du désespoir, et la nature entière
Fut le lugubre écho d'un immense soupir.

Jetés faibles et nus dans la forêt sauvage,
Nous errons au hasard, aspirant au repos,
Nous implorons le ciel, la source et le rivage
Jusqu'à ce que la terre ait recouvert nos os.

Le flot monte à l'écueil, avec des cris funèbres,
Les nuages s'en vont tourmentés par le vent,
La nuit sinistre, avec ses confuses ténèbres,
Enveloppe nos fronts d'un suaire mouvant.

Que d'ardents dévouements se sont perdus dans l'ombre !
Quels sublimes transports ! que d'élans insensés !
Qui comptera les morts et qui dira le nombre
Des pleurs de six mille ans dans l'abîme versés ?

L'amour n'est qu'un tourment qui ressemble à la haine,
Les plus nobles instincts heurtent les trahisons
Comme d'impurs forçats traînant la même chaîne,
Nous sommes les bourreaux de ceux que nous aimons!

Partout le sang, le deuil, la misère, la fange,
Et l'odieux oubli dont rien ne nous défend.
On dirait qu'on subit un cauchemar étrange,
Sans pouvoir échapper à cet air étouffant.

Je ne veux pas, Seigneur, ajouter le blasphème
Aux maux que j'ai commis ou qu'en vain j'ai soufferts,
Malgré moi, je demande à ta bonté suprême
Pourquoi l'aigle blessé s'agite dans les fers.

Tu voulus mesurer la grandeur de nos plaintes
Lorsque tu consommas le mystère infini,
Un cri d'horreur sortit de tes entrailles saintes
Qui fit pâlir les cœurs, *Lamma Sabactani !*

Toi-même, en pénétrant les angoisses humaines
As trouvé le fardeau lourd même pour un Dieu.
Revêts-nous de ta force à l'égal de nos peines,
Soulève-nous vers toi sur tes ailes de feu.

Par mon âpre sentier que tu fis solitaire
Tu me vois défaillant, tel que tu me voulus,
Tu peux m'anéantir au jour de ta colère,
Rien ne résistera dans mes sens abattus.

Toi, qui ne nous dois rien, et qui pourtant nous aime,
Père, lutte avec moi contre ma volonté,
Car mon être déchu sent au fond de lui-même
S'agiter les lambeaux de ta divinité.

Le signe radieux qui guérit et délivre
Trop souvent invoqué, sur mon front n'a pas lui,
Vainement j'appelai l'amour pur qui fait vivre
En jetant ses clartés à travers notre ennui

L'image de Saïs a déchiré ses voiles,
Ce que j'ai soulevé s'est rejeté sur moi ;
Le pâle naufragé ne croit plus aux étoiles,
Au foyer des vivants je m'assieds seul et froid.

Par les débris foulés de ma pâle jeunesse,
Par mes rêves si beaux pour toujours envolés,
Par ce que j'ai souffert, aimé, lutté sans cesse,
Par mes nuits sans sommeil et par mes jours troublés,

Par mes chutes, j'implore, et par mes défaillances,
Seigneur, Dieu de l'insecte et Dieu de l'infini !
Mais tu peux m'entourer de nouvelles souffrances,
Plus tu me frapperas, plus tu seras béni !....

A ses douloureuses épreuves vinrent pourtant se mêler quelques diversions heureuses qui, en captivant son esprit, apportèrent à son cœur, non l'oubli de la triste réalité, mais un adoucissement à la plaie qui resta toujours vive et saignante. En 1888 et en 1892, il fit deux voyages en Italie, ce pays qui avait laissé à sa jeunesse de si grands souvenirs et qui allait encore jeter sur ses derniers jours un doux rayon de joie et de vie. Un ami l'a dit, et bien dit : « Au soir de la vie, il eut une passion violente. Laquelle ? celle de l'Italie, cette charmeuse incomparable dont le pouvoir séducteur reste éternel. Nul, plus que lui, n'avait qualité pour comprendre les splendeurs de cette terre insigne, pour évoquer les ombres grandioses de ces générations qui alliaient le culte raffiné des arts aux débordements de leurs sauvages passions. Le tableau vigoureux qu'il en a peint, au début d'un travail sur les Borgia, porte l'empreinte de ce qu'il a ressenti en face de ces monuments dont il savait interroger le passé (1). »

Le poète, chez lui, reparut non sans éclat, et, dans les *Souvenirs d'Ombrie* (2), il chanta d'abord le lac Trasimène, Pérouse, Ravenne et Assise, puis vinrent Orviéto, Amalfi, Cino da Pistoja, le retour de Fosco; enfin, sous ce titre : *Les trois amours*, il célébra le lac de Lucerne, le lac Majeur et la baie de Naples, dans des descriptions de superbe allure et de vives couleurs.

A Ravenne, c'est le philosophe qui parle :

Quand on pense innover toujours on recommence
L'homme est né pour souffrir, et l'Océan immense
A moins de gouttes d'eau que l'âme n'a de pleurs.
Derrière et devant soi sont les mêmes douleurs.

Assise et saint François remplissent son âme d'une indicible émotion, et il décrit avec enthousiasme la triple église qui consacre la gloire du héros de la pauvreté, et que les grands primitifs, Cimabuë et Giotto, ont recouverte de fresques incomparables :

Le triple monument, comme une forteresse
Close aux lueurs du jour s'enfonce dans la nuit.
Sur les degrés obscurs, la foule qui se presse,
Voit au fond de l'abîme une étoile qui luit.

(1) M. Morin-Pons, ut suprà.
(2) Manuscrits inédits.

Cimabué, Giotto, précédant Michel-Ange,
Ont couvert les murs noirs d'étranges visions.
L'être immatériel, si rapproché de l'ange,
Se retrouve partout. C'est lui que nous cherchons.

Des fresques l'énergique et naïve peinture
Nous montre saint François dans les airs emporté.
Dieu caché le conduit par son humble ceinture ;
Pour fiancée, il prend la sainte pauvreté.

L'amour le consumait de douloureuse ivresse ;
L'amour l'avait marqué de stigmates brûlants ;
Il savait en son rêve emporter la jeunesse
Tombant, autour de lui sur ses genoux tremblants.

O poëte, ô voyant et mendiant sublime,
De la légende en fleur joyau mystérieux,
Jamais nul ne pourra t'atteindre sur la cime,
Et ton labeur fini, tu t'envolais aux cieux !

Mais ce fut Rome surtout qui le captiva et qui eut la meilleure part dans ses impressions. Dans une gracieuse narration, qui est une véritable poésie pleine de fraîcheur et de vie, il a décrit le printemps autour de la ville éternelle.

Tous les détails en sont charmants et d'une grande délicatesse. A coup sûr, cette page mérite d'être rapportée :

« Le printemps est l'hôte ardemment accueilli de la ville éternelle. Sa tiède haleine égaie même les gigantesques ruines qui occupent une partie de Rome ; des plantes sauvages, dont la semence a voyagé dans le vent, fleurissent les sombres murailles des thermes de Caracalla. Partout Rome est peuplée des gracieuses manifestations de la vie nouvelle. Les cloîtres de St-Jean de Latran et de St-Paul-hors-les-murs sont des jardins agrestes abandonnés à la poésie de la solitude, où la rêverie est bercée par les graves chants de la liturgie, dont retentit la basilique voisine. Au prieuré de Malte sur l'Aventin, à Sainte-Sabine, où vit encore le laurier de saint Dominique, tant de fois séculaire, à Saint-Onuphre, où ne subsistent plus que des restes du chêne du Tasse, foudroyé comme le poète, à San Pietro in Montorio, on accède à travers les plates bandes et les corbeilles épanouies. C'est le décor obligé de ces merveilleux belvédères qui dominent tout l'horizon de Rome et des montagnes du Latium. A St-Sylvestre *in capite*, fréquenté par les catholiques anglais, réunis à l'époque de la Semaine-Sainte pour entendre la parole de Dieu dans leur langue, d'immenses torsades de fleurs superposées décorent dans toutes son étendue la table de communion, emplissant la vieille église de leurs parfums enivrants. Le frais éclat des filles d'Albion et de la verte Erin, agenouillées dans les nefs, en si parfaite harmonie avec cette exposition florale, achèvent d'imprimer à la cérémonie un caractère à la fois mystique et mondain.

« Les Campagnols apportent chaque matin, sur la place d'Espagne, les gerbes éclatantes de la flore de l'*Agro romano*. Ces fières reines du désert, non moins sauvages et non moins resplendissantes que leurs sœurs alpestres, habituées à s'enivrer de grand air et de liberté, maintenant captives, sont destinées à se flétrir misérablement pour le caprice des belles Américaines, dernières nées de la civilisation, qui passent, leur Bedaecker à la main, à travers la merveilleuse Italie sans en comprendre l'enchantement. Cette floraison sitôt flétrie nous fait songer involontairement à ces femmes d'une expression profonde, souvent douloureuse, qui attirent nos regards. La passion semble s'être incrustée dans leurs nobles traits, dont la jeunesse première a été rapide, mais qui ont conservé toute leur grave beauté.

« La symbolique de l'art des catacombes a exorcisé la nature païenne. Puis les vierges tenant dans leurs mains frêles le lys de la chasteté. Dès le temps de la primitive Eglise, les reliques des saints se transforment dans la légende en corbeilles de fleurs odorantes. Les Rogations et le *Corpus Domini* consacrèrent au divin Pasteur la soumission des forces inconscientes qui travaillent la matière. Au carrefour des chemins, l'image de la Madone a purifié la place des Termes, à ses pieds les fleurs viennent s'exhaler en parfums et en prières. Saint François d'Assise qui, par sa tendresse infinie, réconcilia la nature avec Dieu, eut, comme sainte Elisabeth de Hongrie, son miracle des roses à la Portioncule et au Sacro Speco. Il recommandait au jardinier de son couvent de cultiver les fleurs les plus suaves afin d'inviter par leur beauté, ceux qui les verraient, à louer Dieu.

« J'ai assisté, il y a bien des années, à *l'Infiorita* de Genzano. Cette charmante petite ville est assise sur la déclivité d'une colline escarpée dominant l'ancien cratère, où resplendit le lac de Némi, appelé par les anciens le miroir de Diane à cause de la transparence de ses eaux. C'est dans ce petit centre, aimé des paysagistes et des rêveurs, qu'à l'octave de la Fête-Dieu se célébrait la fête des fleurs. Dès l'aube on s'occupait à couvrir le pavé d'une véritable mosaïque de fleurs, associant avec un art infini les couleurs et les nuances. Chacun travaillant à son caprice, le gentilhomme mettait son blason avec la couronne et les supports héraldiques, d'autres traçaient des rinceaux et des arabesques, ou représentaient des objets sacrés. Composée de moines de différents ordres, de congrégations avec leurs bannières et de la population de Genzano, la procession s'ébranlait au coucher du soleil, dispersant sur ses pas les frêles débris du tapis embaumé. A ce tableau déjà intéressant, il y avait un cadre encore plus séduisant, les femmes des environs de Rome, aussi préoccupées de se faire admirer dans leurs splendides costumes que curieuses du spectacle, campagnoles de l'*Agro Romano* et *ciocciare* de la montagne, Frascatanes laissant retomber derrière elles la pittoresque pièce d'étoffe attachée à leurs noires chevelures par une grande épingle d'or en forme d'épée, filles de Subiaco parées d'un collier d'or descendant à la ceinture sur un corsage d'un rouge vif cousu au sein en carré, paysannes de Cervara, avec nœuds de rubans sur l'épaule, aux écharpes éclatantes, où l'on a tissé des roses et des arabesques, femmes d'Albano et de Tivoli, toutes avec le panno encadrant leurs têtes brunes d'un profil si pur, qu'il semble que le vieux type romain se soit mieux conservé dans la campagne. On voyait aussi des Nettuniennes, dont je ne retrouve plus le beau sang d'origine orientale que j'admirais dans ma jeunesse. Elles se faisaient remarquer par leurs corsages de velours vert, chamarrés d'or, attachés sur une jupe écarlate. Hélas ! avec la fête des fleurs sont tombés depuis longtemps en désuétude les riches costumes qui faisaient ressortir les traits d'une beauté classique et les formes sculpturales.

« Aux plus modestes processions de Nettuno, à la St-Jean et à la St-Louis, la croix est couverte d'œillets rouges, et les femmes sont parées du même emblème que l'on voit aussi aux fenêtres de ce pittoresque village de pêcheurs tant aimé des peintres. A toutes les époques les Romains ont eu une passion pour les fleurs. Les vastes parcs des villas princières destinées à disparaître dans un avenir prochain, s'enorgueillissent de leurs richesses florales, non moins que de leurs massifs d'arbres toujours verts, de leurs jets d'eau et de leurs cascades. Tout comme les grisettes de Paris, les charmantes *popolane* du Borgo et du quartier Montanara gardent sur leurs fenêtres d'humbles pots de giroflées et d'œillets, obéissant à ce besoin impérieux et innocent qui brûle dans la jeunesse à côté d'illusions dangereuses, que les rudes étreintes de la vie n'ont pas encore étouffées. Entre la jeunesse et les fleurs il restera toujours une affinité indestructible, quoique les poètes du couplet aient trop souvent abusé de ce thème facile, et l'on revient à ce vieux refrain mélancolique, comme tout ce qui s'attache aux choses éphémères vite écoulées :

O primavera, gioventù dell'anno,
O gioventu, primavera della vita. »

Ces deux voyages en Italie ne furent pas sans lui procurer les plus agréables relations : à Milan il visita l'historien Cesare Cantù ; à Florence, sacousine, Mme la marquise de Gondi ; à Rome, la fille de la précédente, Mme la marquise Patrizzi ; à Pérouse, les Conestabile ; à Bologne, le comte Joseph Grabinski, très au courant de l'histoire diplomatique de la France et de l'Italie, et avec lequel il échangea une intéressante correspondance. Rentré chez lui, ces souvenirs ne cessèrent d'occuper son esprit, et ce fut alors qu'il songea à étudier César Borgia et l'Italie du moyen âge et de la renaissance, travail historique dont il a déjà été rendu compte.

Dans les dernières années de sa vie, A. de Gallier, recherchant un climat plus doux, avait quitté son pays natal pour habiter la ville de Nice ; il en repartait ensuite, au mois de juillet, avec les grosses chaleurs, pour revenir à Tain, jusqu'à l'arrière-saison.

Pendant plusieurs hivers, nous eûmes la joie de le retrouver dans sa nouvelle résidence. Là, sur les bords riants de la Méditerranée, sous un chaud et brillant soleil, au milieu des fleurs parfumées et des arbres toujours verts, que de charmantes promenades et de longues causeries, où nos pensées, prenant une direction élevée, se reportaient souvent vers les plus grands problèmes que puisse se poser l'esprit de l'homme : Dieu, l'âme, la vie future dans cet au-delà mystérieux et insondable, et d'où nul n'est revenu ! Dans ces épanchements de l'amitié, il était aisé de voir que, déjà au terme de sa carrière, il avait fidèlement gardé les principes religieux de sa jeunesse. Les dogmes de la religion lui avaient toujours inspiré le plus grand respect, et il n'avait cessé de leur donner une adhésion complète et réfléchie, suivant en cela le *rationabile obsequium* de S. Paul. Aussi disait-il volontiers avec S. Augustin : « Je crois, parce qu'il est absurde de ne pas croire » *Credo, quia absurdum*. Parole profonde, et qu'une ignorance grossière a si souvent dénaturée ! Au reste, un des côtés par lequel le Christianisme lui apparaissait vraiment divin, et où il dépasse la portée de l'intelligence humaine, c'est la proclamation même qu'il a faite de la charité, dans le commandement d'amour que Jésus-Christ seul a pu formuler : Je vous donne un commandement nouveau, c'est de vous aimer les uns les autres, car vous êtes tous frères. *Mandatum novum do vobis ut diligatis invicem. Omnes enim vos fratres estis.* Nous avons dit combien il goûta et sut remplir le devoir de la charité. A cet égard, il était fortement impressionné par cette autre parole de l'Ecriture-Sainte : « L'aumône délivre de tout péché et de la mort, et elle ne permettra pas qu'une âme aille dans les ténèbres. » Voilà pourquoi il aima les pauvres, sachant bien que par là il mettait sa confiance dans un Père très miséricordieux et dans un Maître qui a dit : « Ce que vous aurez fait au moindre d'entre eux, c'est à moi-même que vous l'aurez fait. »

Une de ses plus douces joies fut d'apprendre enfin la nomination de M. Lacroix comme chevalier de la Légion d'honneur, distinction bien méritée, à laquelle nul n'applaudit plus chaleureusement que le président de la

Société d'Archéologie. Il en écrivit aussitôt à tous les membres, leur annonçant qu'une souscription serait ouverte pour offrir, dit-il, « un objet commémoratif à l'homme de tant de valeur, qui vient de recevoir une récompense si bien méritée » car « par l'importance de ses travaux historiques, par ses longs services accomplis avec un dévouement absolu, l'archiviste de la Drôme méritait depuis des années cette haute distinction. Dans la Société d'Archéologie, qui est son œuvre, où il ne compte que des amis, des admirateurs et des obligés, la nouvelle de sa promotion a causé une véritable joie de famille. »

Ainsi parla-t-il avec un tact parfait, s'effaçant entièrement lui-même, pour laisser la première place au savant modeste et si méritant. Cette circulaire, qui date du mois de septembre 1897, fut la dernière publication d'A. de Gallier. Il présida encore la Société dans la séance du 21 octobre, puis ce fut fini : jamais plus on ne devait le revoir !

Ses jours, en effet, étaient comptés. Atteint d'une maladie de cœur que l'âge aggravait encore, sa marche était devenue plus lente et plus embarrassée, mais néanmoins il n'avait rien perdu de la lucidité de sa belle intelligence, qu'il conserva intacte jusqu'au bout. Comme il arrive souvent en pareil cas, une crise subite et imprévue l'enleva le vendredi 25 mars 1898, vers les 8 heures du soir, sans qu'on pût lui porter aucun secours, malgré le dévouement admirable de ses enfants et de ses serviteurs qui, accourus aussitôt, le trouvèrent sans vie. Dieu, qu'il avait prié peu d'heures auparavant dans une église, venait de le rappeler à Lui, par une mort foudroyante qui le préserva des souffrances et des angoisses de l'agonie. La nouvelle de cette mort si soudaine porta un coup bien douloureux à tous les siens et à ses nombreux amis, car il était vraiment de ceux qu'on aime beaucoup quand une fois on les a connus, et dont les grandes qualités du cœur et de l'esprit attirent la sympathie et méritent le respect.

Ses funérailles, qui eurent lieu le mardi 29, suffirent à montrer quelle place considérable cet homme de bien occupait dans l'estime et l'affection de ses compatriotes et de tous ceux qui avaient su l'apprécier. Sur sa tombe entr'ouverte, au milieu d'une foule recueillie, MM. Morin-Pons, Brun-Durand et Lacroix se firent les interprètes éloquents de la douleur publique. Tous les trois parlèrent avec autant de cœur que de raison, sans pourtant se répéter, car chacun d'eux s'attacha à faire ressortir un côté particulier de cette figure si sympathique.

En termes délicats, M. Morin-Pons montra ce que fut son âme élevée, toute éprise d'idéal et de poésie, puis porta sur l'œuvre de l'écrivain un jugement qui ne sera pas démenti : « Il n'est pas exagéré de dire que le nom de Gallier sera protégé contre l'oubli. Tel n'était pas sans doute le but poursuivi par sa plume avant tout consciencieuse et sincère ; homme de foi religieuse et de convictions morales, il recherchait la vérité pour elle-même, et la vérité a marqué de son sceau le fruit de ses laborieux efforts ; ce n'est que justice d'affirmer que le temps respectera son œuvre (1). »

(1) *Bulletin de la Société d'Archéologie*, t. XXXII p. 191-93.

A. de GALLIER

(1890)

A son tour, M. Brun-Durand apprécia hautement l'homme de bien « dans toute la force de cette expression », la loyauté de son caractère, sa fidélité dans l'amitié et la valeur morale de sa personnalité. « De Gallier, dit-il, était, par excellence, de cette élite intellectuelle et morale qui sera toujours, pour le pays, une précieuse ressource et l'un des meilleurs artisans de sa force et de sa grandeur, car il suffisait de le pénétrer, si peu que ce soit, pour être frappé de ce qu'il y avait en lui, je ne dirai pas seulement de culture intellectuelle et de supériorité d'esprit, mais encore et surtout de générosité de sentiments, de grandeur d'âme et de noblesse de caractère, pour comprendre qu'il avait le cœur très haut placé. On sentait, en l'approchant, qu'il était du petit nombre de ceux qui n'ont pas besoin d'être quelque chose pour être quelqu'un (1). »

Avec la compétence qui s'attache à sa parole, M. Lacroix fit justement ressortir toute la part prise par de Gallier dans le développement de l'histoire locale et le rôle influent qu'il y a joué, puis, le cœur brisé par l'émotion, il lui adressa ce suprême hommage : « Adieu donc, cher et vénéré Maître ; grâce à votre dévouement, à votre passion pour la justice et la vérité, vous avez complété nos annales et rendu honorable et respecté le rôle d'historien et d'archéologue.

« Si, quelque jour, une main pieuse, en réunissant vos œuvres éparses, permettait au public de vous con-

(1) Ibid, p. 193-96.

naître, comme vous connaissent vos admirateurs, il vous placerait aussitôt au premier rang des écrivains dauphinois les plus remarquables (1). »

Ce vœu si légitime méritait de ne pas être oublié, et, désireux plus que personne de le voir se réaliser, nous avons voulu, dans les pages qu'on vient de lire, répondre le moins imparfaitement possible à cet appel de l'homme de cœur qui fut l'ami fidèle d'A. de Gallier.

Et si, maintenant, après tous ces témoignages autorisés, il était permis d'en rapporter un autre, nous l'emprunterions à de Gallier lui-même. Un jour, écrivant l'éloge d'un ami bien regretté, Gustave de Croze, il fit valoir toutes ses belles qualités et, sans s'en douter, ce fut son propre portrait qu'il traça : « Curieux de toutes les choses de l'esprit, charmant par une conversation pleine de traits et d'imprévu, franc, affectueux et bon à tous, il n'avait pas besoin de chercher l'amitié qui venait naturellement à lui, et il s'imposait à l'estime par la sûreté de ses relations et la droiture de son caractère (2). » A. de Gallier est là tout entier. Pour nous qui l'avons beaucoup connu et aimé, nous n'ajouterons rien à ces éloges aussi bien dits que justement mérités. Mais du moins notre cœur reconnaissant conservera avec soin sa chère mémoire, et la meilleure manière de lui être fidèle sera encore de garder aux siens toute l'affection et tout le dévouement que nous avons toujours eus pour lui-même !

(1) Ibid. p. 196-98.
(2) Ibid. t. XVI p. 334. — Cf. la *Bibliographie*

BIBLIOGRAPHIE

classée par ordre chronologique

1. — Madame la Duchesse de Bourgogne, par M. Jules de Saint-Félix. — Compte rendu dans la *Gazette du Bas-Languedoc*, nº du jeudi 21 décembre 1837. — Signé : Anatole de Gallier.

2. — Nécrologie. — Just de Tournon. — Dans *Le Réparateur, journal du Lyonnais, du Forez et du Beaujolais*, nº du 13 août 1841. — Signé : Anatole de Gallier.

3. — Souvenirs de Rome (1). — S. S. Grégoire XVI (juillet 1841). — Dans *L'Annonéen, Echo de l'Ardèche*, nº du jeudi 13 avril 1843. — Signé : Onuphrius.

4. — Souvenirs de Rome. — Aspect de Rome et de la campagne romaine. — Feuilleton dans *L'Annonéen, Echo de l'Ardèche*, nº du jeudi 20 avril 1843. — Signé : Onuphrius.

5. — Souvenirs de Rome (suite). — Clergé Romain. — Dans *L'Annonéen, Echo de l'Ardèche*, nº du jeudi 27 avril 1843. — Signé : Onuphrius.

6. — Souvenirs de Rome. — L'Infiorita de Genzano ou la Fête des Fleurs. — Feuilleton dans *L'Annonéen, Echo de l'Ardèche*, nº du jeudi 4 mai 1843. — Signé : Onuphrius.

(1) Comme il est facile de le voir, ces souvenirs ne sont que des pages sans suite arrachées à des notes de voyage, et n'ont jamais la prétention d'offrir quelque chose de complet. (Note de l'auteur.)

7. — WALTHER. — Feuilleton de *L'Annonéen*, *Echo de l'Ardèche*, n° du jeudi 29 juin 1843. — Signé : Onuphrius.

8. — LE FOU DE SAN-SERVOLO. — Dans *La Semaine, deuxième partie. — Huit journaux de littérature, d'illustrations et de publicité.* — (Paris, Bureaux Saint-Marc Feydau, 6), n[os] du 8 mars 1846, p. 565-567, et du 15 mars 1846, p. 598-599. — Signé : Onuphrius.

9. — CHANTS ET RÉCITS POPULAIRES DE L'ALLEMAGNE. — DES KNABEN WUNDERHORN, ALTE DEUTSCHE LIEDER GESAMMELT VON ACHIN VON ARNIM UND CLEMENS BRENTANO. — Dans la *Revue Indépendante* de mai 1847. — Signé : Saint-Martin.

10. — GŒTHE AU POINT DE VUE HUMANITAIRE, par Karl Grun. — Compte rendu dans *Le Correspondant* de novembre 1847. — Signé : Anatole de Gallier.

11. — *Société de Saint-Vincent-de-Paul.* — CONFÉRENCE DE TAIN ET TOURNON-SUR-RHÔNE. — RÉUNION GÉNÉRALE DU 20 DÉCEMBRE 1847. — Lyon, Imprimerie de Barret, 1848, in-8° de 10 p.

(Le Rapport est d'Anatole de Gallier l'un des secrétaires de la Conférence).

12. — DU PROJET DE DÉCRET RELATIF A L'ÉTABLISSEMENT D'UN IMPÔT PROGRESSIF SUR LES SUCCESSIONS ET DONATIONS ENTRE VIFS. — Signé : X... — Dans le *Courrier de la Drôme et de l'Ardèche*, n° du jeudi 24 août 1848.

13. — DE LA DÉMOCRATIE EN FRANCE, PAR M. GUIZOT. — Compte rendu dans la *Gazette de Lyon, Union nationale*, n° du lundi 19 février 1849. — Signé : A. G.

14. — NÉCROLOGIE. — DISCOURS PRONONCÉ AUX FUNÉRAILLES DE M. LE MARQUIS DE CORDOUE. — Dans le *Courrier de la Drôme et de l'Ardèche* du vendredi 7 décembre 1849.

15. — LE PARLEMENT DE FRANCFORT ET SES RELATIONS

DIPLOMATIQUES AVEC LA RÉPUBLIQUE FRANÇAISE. — Dans *Le Correspondant* de mars et avril 1852. — Signé : Anatole de Gallier.

Tirage à part à 100 exemplaires, Paris, Douniol, 1852, in-8° de 52 p.

16. — LA RÉFORME ET LA RÉVOLUTION. — EEINLEITUNG IN DIE GESCHICHTE DES NEUNZEHNTEN JAHRHUNDERTS. (Introduction à l'histoire du XIXe siècle, par Gervinus.) — Dans *Le Correspondant* de septembre 1853. — Signé : Anatole de Gallier.

Tirage à part à 25 exemplaires, Paris, Douniol, 1853, in-8° de 36 p.

17. — DE L'IDÉAL DANS LA LITTÉRATURE MODERNE, PARTICULIÈREMENT CHEZ LES FEMMES, par Mme la Comtesse Hahn-Hahn. — Dans *Le Correspondant* de septembre 1854, p. 855-87. — Signé : Anatole de Gallier.

Tirage à part à 25 exemplaires, Paris, Douniol, 1854, in-8° de 33 p.

18. — OUVERTURE DU CHEMIN DE FER DE LYON A VALENCE. — Dans *L'Illustration* du 4 avril 1855. — Dessins de M. Max Monier de la Sizeranne. — Reproduit dans le *Courrier de la Drôme* du 21 avril 1855.

19. — ECRIVAINS CONTEMPORAINS DE L'ALLEMAGNE. — OSCAR DE REDWITZ, AMARANTE, 16e édition, Mayence, 1853. GEDICHTE (poésies), 3e édition, Mayence, 1852. EIN MÆRCHEN (un conte), 5e édition, Mayence, 1853. SIEGELINDE (eine tragedie), Mayence, 1854. — Dans *Le Correspondant* de janvier 1856, p. 516-46. — Signé : Anatole de Gallier.

20. — ETUDES STATISTIQUES SUR ROME, par le comte de Tournon. — Compte rendu dans *Le Correspondant* d'octobre 1857. — Signé : Anatole de Gallier.

21. — NÉCROLOGIE. — LA COMTESSE DE REVOL, NÉE D'URRE. — Dans *L'Union* du 5 mai 1858. — Signé : Mac-Sheehy.

22. — Les légendes dorées, par Charles Fournel. Paris, Durand et Aubry, 1862, in-12. — Compte rendu dans le *Courrier de la Drôme et de l'Ardèche* du 15 août 1862. — Signé : A. de G.

23. — Publicistes contemporains. — M. le Baron de Fontarèches. — Dans la *Gazette du Midi*, nos du lundi 23, mardi 24 et mercredi 25 novembre 1863. — Signé : Anatole de Gallier.

24. — Dans le journal *L'Union*, du 23 septembre et du 2 octobre 1864, deux articles relatifs au marquis Costa de Beauregard, sous le pseudonyme de Mac-Sheehy.

25. — Histoire de la noblesse de Provence. — Article dans *L'Intermédiaire des chercheurs et des curieux*, nº du 25 janvier 1865, col. 58-60. — Signé : (Tain) A. de Gallier.

26. — L'Arquebuse de Charles IX. — Article dans *L'Intermédiaire des chercheurs et des curieux*, nº du 10 février 1865, col. 88. — Signé : A. de Gallier.

27. — Notice sur Madame de Simiane, dans *Les Grands Ecrivains de la France*, collection éditée par Hachette, sous la direction d'Ad. Regnier, Lettres de Madame de Sévigné, de sa famille et de ses amis, t. XI (1865), p. 3-12. — Signé : Anatole de Gallier.

28. — Lettres de Madame de Simiane, ibid. p. 15-288.

L'édition et l'annotation de ces *Lettres* sont l'œuvre d'A. de Gallier.

29. — Généalogie des Tournon. — Article dans *L'Intermédiaire des chercheurs et des curieux*, nº du 10 mars 1866. — Signé : François de B.

30. — Les cahiers de 89 ou les vrais principes libéraux, par Léon de Poncins. — Compte rendu dans la *Gazette du Midi*, nos du lundi 23 et mardi 24 avril 1866. — Signé : A. de Gallier.

31. — NOTICE SUR HECTOR DE MANIQUET, SEIGNEUR DU FAYET EN DAUPHINÉ, SUIVIE DE DOCUMENTS INÉDITS RELATIFS A SA MISSION EN ALLEMAGNE. — Dans le *Bulletin de la Société d'Archéologie de la Drôme*, t. I, p. 57. — Signé : Anatole de Gallier.

Tirage à part, Valence, Chenevier et Chavet, 1866, in-8° de 31 p.

32. — Note sur de FAUX AUTOGRAPHES ATTRIBUÉS A SAINT FRANÇOIS DE SALES. — Dans *L'Intermédiaire des chercheurs et des curieux*, 1867.

33. — ORIGINE, ÉTYMOLOGIE ET SIGNIFICATION DES NOMS PROPRES ET DES ARMOIRIES, par le baron de Coston. Paris, A^{te}. Aubry, 1867, in-8°. — Compte rendu dans la *Revue des Questions historiques*, t. II, (1867), p. 707-708. — Signé : A. de G.

34 — OBITUARIUM LUGDUNENSIS ECCLESIÆ, NÉCROLOGE DES PERSONNAGES ILLUSTRES ET DES BIENFAITEURS DE L'ÉGLISE MÉTROPOLITAINE DE LYON DU IXe AU XVe SIÈCLES, PUBLIÉ POUR LA PREMIÈRE FOIS AVEC NOTES ET DOCUMENTS INÉDITS, par M. G. Guigues, ancien élève de l'École des Chartes. Lyon, N. Scheuring, 1867, in-4°. — Compte rendu dans la *Revue des Questions historiques*, t. III, (1867), p. 636-36. — Signé : A. de G.

35. — NÉCROLOGIE. — Mme LA COMTESSE DE FLORANS — Dans *La Gazette de France* du 6 septembre 1867. — Signé : Anatole de Gallier.

36. — L'ÉGLISE DE BROU ET SES TOMBEAUX, par C. J. Dufay. Lyon, Scheuring, 1867, in-12 de 174 p., av. fig. — Compte rendu dans la *Revue des Questions historiques*, t. IV (1868), p. 372-73. — Signé : A. de G.

37. — APRÈS LA MORT. — Poésie dans *Le Dauphiné* (Grenoble, Drevet), n° du 2 novembre 1868. — Signé : François Bagulli.

38. — Discours pour la présidence de la Société d'Archéologie de la Drome, (26 août 1869). — Dans le *Bulletin* de cette Société, t. IV, p. 471-73.

39. — Jean de Morvillier évêque d'Orléans, par Baguenault de Puchesse, — Compte rendu dans le *Polybiblion* de 1869. — Signé : Anatole de Gallier.

40. — Le Marquis d'Aubais. — Dans la *Revue de Marseille et de Provence* de mai 1870. — Signé : Anatole de Gallier.

Tirage à part à 100 exemplaires, Marseille, Marius Olive, in-8° de 20 p.

41. — Essai historique sur la Baronnie de Clérieu en Dauphiné et sur les fiefs qui en ont dépendu. — Dans le *Bulletin de la Société d'Archéologie de la Drôme*, t. I, 273-89 ; t II, 16-28 ; t. III, 56-68, 405-29 ; t. IV, 39-58, 127-38, 269-76, 360-71 ; t. V, 59-83, 306-24, 410-28 ; t. VI, 217-54, 337-53, (1866-1872). — Signé : Anatole de Gallier.

Tirage à part à 180 exemplaires, Lyon, Auguste Brun, 1873, in-8° de 274 p. avec planches.

Tirage à part, à 25 exemplaires, du premier chapitre sous ce titre : Histoire généalogique de la maison de Clérieu en Dauphiné. Valence, Chenevier et Chavet, 1868, in-8° de 84 p.

42. — Phélise Regnard. — Dans le *Bulletin de la Société d'Archéologie de la Drôme*, t. VII, (1872), p. 47-51.

43. — La correspondance de M. Paul-Emile Giraud avec divers hommes de lettres. Lyon, imp. Perrin, 1872, in-8°. — Lettres d'A. de Gallier et réponses de P.-E. Giraud, p. 173-242.

44. — Les Pèlerins. — Poésie dans *La Décentralisation* du lundi 14 octobre 1872. — Signé : Nicolas Monteux.

45. — Comité local de Tain. — Secours aux blessés, aux familles de militaires et aux diverses victimes de la guerre. Juillet 1870. Décembre 1872. Tournon, typ. et lith. J. Parnin, in-8° de 8 p.

46. — La presqu'île de Giens. Poésie dans la *Revue de Marseille et de Provence* de février 1873. — Signé : Nicolas Monteux.

47. — Jean de Serres historiographe de France sous Henri IV, *(d'après des documents inédits)*. — Dans le *Bulletin de la Société d'Archéologie de la Drôme*, t. VII, (1883), p. 225-42. — Signé : Anatole de Gallier.

Tirage à part.

48. — Funérailles de M. Mallent, curé-archiprêtre de Tain (Drôme), 21 janvier 1874. — Dans *L'Ordre et la Liberté* de Valence, du 23 janvier 1874. — Réimpression, Tournon, typ. J. Parnin, in-8° de 4 p.

49. — Nécrologie. — Le Dr Janoyer de Tain. — Dans *L'Ordre et la Liberté* de Valence du mercredi 18 février 1874.

50. — Essai historique sur la Chambre de l'Edit de Grenoble, par J. Brun-Durand. Valence, Chenevier et Chavet, 1873, in-8° de 108 p. — Compte rendu dans la *Revue des Questions historiques*, t. XV, (1874), p. 322-23. — Signé : A. de G.

51. — Nécrologie. — *Lettre sur M. Dupré de Loire*. — Dans le *Bulletin de la Société d'Archéologie de la Drôme*, t. VIII, (1874), p. 378-79.

52. — Voyageurs Dauphinois. — Barbier de Mercurol et Henry Magnard. — Dans le *Bulletin de la Société d'Archéologie de la Drôme*, t. VIII, (1874), p. 410-27. — Signé : Anatole de Gallier.

53. — Mémoires historiques sur le Vivarais, par J. A. Poncer. Tomes I, II et III. — Annonay, imprimerie de Ranchon, trois in-8°. — Compte rendu dans la *Revue des Questions historiques*, t. XV, (1874), p. 683-84. — Signé : A. de G.

54. — Historiens Dauphinois. — M. André Lacroix, archiviste de la Drôme. — Dans *L'Ordre et la Liberté, Journal de la Drôme et de l'Ardèche*, n^{os} du 29 mars et du 3 avril 1875. — Signé : Un Membre de la Société d'Archéologie de la Drôme.

55. — Une page de l'histoire du Viennois a la part du royaume. Les Pagan et les Retourtour. — Dans le *Recueil des Mémoires et documents sur le Forez publiés par la Diana*, t. II, (1875). — Signé : Anatole de Gallier.

Tirage à part à 100 exemplaires, Vienne, Savigné, in-8° de 99 p. avec gravures.

56. — Tournon, le 20 mai 1876. — Discours prononcé aux funérailles de M. Guillaume d'Arnaud, Baron de Vitrolles, ancien officier de la Marine royale, Chevalier de la Légion d'honneur, Vice-Président du Conseil Général de l'Ardèche, par Anatole de Gallier. — Dans le *Patriote de l'Ardèche* du 25 mai 1876.

Tirage à part à 200 exemplaires, Valence, imp. J. Céas, in-8° de 4 p.

57. — Etudes sur les origines de la France contemporaine, par M. Taine. — Dans *La Décentralisation* des 7, 8, 9 21, 22 sept. et des 11 et 12 octobre 1876. — Signé : Anatole de Gallier.

58. — Le 16 octobre, Marie-Antoinette. — Dans *La Décentralisation* du lundi 16 octobre 1876. — Signé : Anatole de Gallier.

59. — La vie de Province au xviiie siècle. Les femmes, les mœurs, les usages. — Dans le *Bulletin de la Société d'Archéologie de la Drôme*, t. IX, 355-77 ; t. X, 5-17, 142-64, 270-91, 369-86 ; t. XI, 5-21, 137-48 ; t. XII 235-47, (1874-1877). — Signé : Anatole de Gallier.

Tirage à part à 200 exemplaires, Paris, Rouquette, 1877, in-8° de 128 p.

60. — Notes sur les Bermond d'Anduze, Seigneurs de la Voulte en Vivarais. — Dans la *Revue du Dauphiné et du Vivarais* (Vienne, Savigné), de janvier et de février 1877. — Signé : Anatole de Gallier.

61. — Les bévues de la Revue des Deux-Mondes. — Dans *La Décentralisation* du 29 janvier 1877. — Signé : Aga.

62. — Sainte-Beuve posthume. — Dans *Le Correspondant* du 10 mars 1877, p. 901-912. — Signé : Anatole de Gallier.

63. — Nécrologie. — Le Marquis de Godefroy-Menilglaise. — Dans *La Défense religieuse et sociale* du vendredi 10 août 1877. — Signé : Anatole de Gallier.

64. — Le cynisme dans le roman contemporain. — Dans *La Défense sociale et religieuse* du 14 novembre 1877. — Signé : A. de Gallier.

65. — L'imprimerie a Tournon. — Dans le *Bulletin de la Société d'Archéologie de la Drôme*, t. XI, 233-40, 332-47, 369-8 ; t. XII, 42-55, 158-72 (1877-1878) — Signé : Anatole de Gallier.

Sans tirage à part. Exemplaire de l'auteur, extrait du *Bulletin*, relié, interfolié et annoté.

66. — Les récentes puplications sur Turgot. — Dans la *Revue des Questions historiques*, t. XXIII (1878), p. 588-94. — Signé : Anatole de Gallier.

67. — Les Tournonnais dignes de mémoires. — Lettres a Monsieur le Directeur du journal de Tournon, par Anatole de Gallier, président de la Société d'Archéologie de la Drôme. — (Le peintre Pierre-Paul Sevin, Bon de Broé, Jean Capassin, Achille Gamon, Pierre Davity, Tournon). — Dans le *Journal de Tournon*, année 1878.

Tirage à part, Paris, Rouquette, 1878, in-8° de 54 p.

68. — La Révolution de M. Taine. — Dans la *Revue des Questions historiques*, t. XXIV, (1878), p. 254-66. — Signé : Anatole de Gallier.

69. — Etude sur l'allodialité dans la Drôme, de 1000 a 1400, par G. de P[isançon]. — Valence, imp. de Chenevier (1874-1877, in-8° de VII et 409 p. — Compte rendu dans la *Revue des Questions historiques*, t. XXIV (1878), p. 695-96. — Signé : A. de G.

70. — Notice historique sur le chateau de Feugerolles et sur les familles qui l'ont possédé, par Mme la Comtesse de Charpin-Feugerolles. Lyon, imp. Louis Perrin, 1878, in-8° de 158 p. av. fig. — Compte rendu dans la *Revue des Questions historiques*, t. XXIV (1878), p. 696-97. — Signé : A. de G.

71. — Les lois Ferry. — Dans *La Décentralisation* du 6 mai 1879. — Signé : A. de G.

72. — La Morale indépendante. — Dans *La Décentralisation* du mardi 29 juillet 1879. — Signé : A. de G.

* **73**. — La loi Plessier sur le renouvellement des bureaux de bienfaisance. — Dans *La Décentralisation* du 11 août 1879.

74. — Réflexions sur l'élection de la 2me circonscription de la Drome. — Dans *La Décentralisation* du mardi 1er septembre 1879.

75. — L'élection de la circonscription de Romans. — Dans *La Décentralisation* du jeudi 11 septembre 1879. — Signé : de G.

76. — La désorganisation de la magistrature. — Dans *La Décentralisation* du 21 septembre 1879. — Signé : A. de G.

77. — Les nouveaux scandales du Crédit Foncier. — Dans *La Décentralisation* du 6 octobre 1879. — Signé : Un porteur d'obligations du Crédit Foncier.

78. — M. Léon Say. — Dans *La Décentralisation* du 11 octobre 1879. — Signé : AGA.

79. — La revanche des communards. — Dans *La Décention* du 18 octobre 1879.

80. — Le progrès en arrière. — Dans *La Décentralisation* du 5 nov. 1879.

81. — Les successeurs de la Rivaudière. — Dans *La Décentralisation* du 13 novembre 1879.

82. — La dernière séance de l'Académie Française. (Thiers et Henri Martin). — Dans *La Décentralisation* du 18 nov. 1879. — Signé : Anatole de Gallier.

83. — Le projet de loi Labuze. — Dans *La Décentralisation* du 8 décembre 1879.

84. — Le radeau de la Méduse. — Dans *La Décentralisation* du 28 décembre 1879.

85. — La tribu de Judas. — Dans *La Décentralisation* du 10 février 1880.

86. — Le Canton. — Article littéraire dans *La Décentralisation* du 27 février 1880.

87. — Le 2 décembre républicain. — Dans *La Décentralisation* du 3 avril 1880.

88. — M. de Freycinet. — Dans *La Décentralisation* du 7 avril 1880.

89. — Les statues de platre de la Réupblique. — Dans *La Décentralisation* du 11 avril 1880.

90. — Cazot. — Dans *La Décentralisation* du 9 mai 1880.

91. — Le ministère Frontin. — Dans *La Décentralisation* du 24 mai1880.

92. — Léon Say. — Dans *La Décentralisation* du 28 mai 1880.

93. — Vie d'Artus Prunier de Saint-André, Conseiller du Roy en ses conseils d'estat et privés, premier président aux parlements de Provence et de Dauphiné (1548-1616), d'après un manuscrit inédit de Nicolas Chorier, publié avec introduction, notes, appendices et la correspondance inédite de de Saint-André, par Alfred Vellot, avocat. Paris, Alphonse Picard, 1880, gr. in-8° de LXV-390 p. — Compte rendu dans la *Revue des Questions historiques*, t. XXIX, p. 695-96. — Signé : A. de G.

94. — Les hommes de la Constituante. — Barnave, par Anatole de Gallier. — Dans *La Décentralisation* du...

Tirage à part. Paris, Rouquette, Lyon, Brun, 1880, petit in-8° de 54 p.

95. — Nécrologie. — Paul Allut. — Dans *La Décentralisation* du jeudi 29 juillet 1880. — Signé : Anatole de Gallier.

96. — La Dictature de Barras. — Dans *La Décentralisation* du 27 août 1880. — Signé : A. de G.

97. — Les dernières limites du servilisme. — Dans *La Décentralisation* du mardi 30 mars 1881. — Signé : A. de G.

98. — Une République qui dure, par M. le comte Bernard d'Harcourt, ancien ambassadeur. — Compte rendu dans *La Décentralisation* du 22 mai 1881. — Signé : Anatole de Gallier.

99. — Nécrologie. — La Marquise de la Tourette. — Dans *La Décentralisation* du mardi 20 septembre 1881.

100. — L'assemblée Constituante de 1789. — Dans la *Revue des Questions historiques*, t. XXIX (1881), p. 120-85. — Signé : Anatole de Gallier.

Tirage à part de 50 exemplaires, Paris, Palmé, in-8° de 70 p.

101. — Cartulaire du prieuré de Saint-Sauveur-en-Rue, Forez, dépendant de l'abbaye de la Chaise-Dieu (1062-1401), publié avec une notice historique et des tables, par le comte Charpin-Feugerolle, ancien député de la Loire, et M. C. Guigue, ancien élève de l'Ecole des Chartes. Lyon, imprimerie Al. Louis Perrin, 1881, in-4°, xxvi-377 p. — Compte rendu dans la *Revue des Questions historiques*, t. XXX (1881), p. 311-12. — Signé : A. de G.

102. — Pierre Moysson. — Dans le *Bulletin de la Société d'Archéologie de la Drôme*, t. XVI (1881), p. 282-91. — Signé : Anatole de Gallier.

103. — Nécrologie. — Le Baron Gustave de Croze. — Dans le *Messager de Valence* du 1er juin 1882. — Reproduit dans *La Gazette de France* du 6 juin 1882, et dans *L'Echo du Velay* du 1er août 1882. — Signé : Anatole de Gallier.

104. — Les hommes de la Constituante. — Le Général La Fayette. — Dans *Le Contemporain* du 1er juillet 1882. — Signé : Anatole de Gallier.

Tirage à part à 150 exemplaires, Paris, imprimerie Levé, 1882, in-8° de 40 p.

105. - Nécrologie. — Charles de Rostaing. — Dans le *Messager de Valence* du samedi 22 juillet 1882.

106. — [Note relative à un acte de vandalisme commis au château de Tournon]. Dans *Le Nouvelliste* de Lyon du 23 janvier 1883. — s. n.

107. — Les hommes de la Constituante. — L'abbé Grégoire et le schisme Constitutionnel. — Dans *Le Contemporain* de février et mars 1883. — Signé : Anatole de Gallier.

Tirage a part à 200 exemplaires, Paris, imprimerie Levé, 1883, in-8° de 87 p.

108. — Le roman dans la seconde moitié du xviie siècle.

— MADAME DE VILLEDIEU. — Dans le *Bulletin de la Société de Statistique de la Drôme*, t. XVI, 337-58, t. XVII, 1-23, 117-30. — Signé : Anatole de Gallier.

Tirage à part à 300 ex., Paris, Rouquette, 1883, in-8° de 58 pages.

109. — MADAME DE VILLEDIEU ET M. GAZIER. — Dans le *Bulletin de la Société d'Archéologie de la Drôme*, t. XVIII (1883), p. 224-26. — Signé : Anatole de Gallier.

Tirage à part. Plaq. in-8° de 3 p., s. l. n. d.

110. — LES ÉMEUTIERS DE 1789. — Dans la *Revue des questions historiques*, t. XXXIV (1883), p. 115-147. — Signé : Anatole de Gallier.

111. — NÉCROLOGIE. — *Discours prononcé aux funérailles de M. Emile Giraud*. — Dans le *Bulletin de la Société d'Archéologie de la Drôme*, t. XVIII, p. 118-19. — Reproduit in extenso dans l'*Impartial de Romans* (supplément) du jeudi 11 octobre 1883.

112. — DOM BOSCO ET LA SOCIÉTÉ SALÉSIENNE, par Albert du Boys. — Compte rendu dans l'*Association Catholique* du 15 janvier 1884. — Signé : Anatole de Gallier.

113. — TRENTE-DEUX ANS A TRAVERS L'ISLAM (1832-1864), par Léon Roches, ministre plénipotentiaire en retraite, ancien secrétaire intime de l'émir Abd-El-Kader, ancien interprète en chef de l'armée d'Afrique, t. Ier. Paris, Firmin-Didot, 1884, in-8° de 508 pages. — Compte rendu dans la *Revue des Questions historiques*, t. XXXV (1884), p. 635-36. — Signé : A. de G.

114. — TRENTE-DEUX ANS A TRAVERS L'ISLAM, par Léon Roches, ministre plénipotentiaire en retraite, t. II. Paris, Didot, (1885), in-8° de 503 p. — Compte rendu dans la *Revue des questions historiques*, t. XXXVIII (1885), p. 327-30. — Signé : A. de G.

115 — Nécrologie. — Le Marquis de la Tourrette. — Dans *Le Messager de Valence* du lundi 21-mardi 22 juin 1886. — Signé : Anatole de Gallier.

116. — Deux lettres inédites du Maréchal de Tallard. — Dans le *Bulletin de la Société d'Archéologie de la Drôme*, t. XXVII (1893), p. 5-24. — Signé : Anatole de Gallier.

Tirage à part, Valence, imp. Jules Céas, 1893, in-8° de 20 p.

117. — Nécrologie. — *Discours prononcé aux funérailles de M. le Dr Chevalier.* — Dans l'*Impartial de Romans*, du 15 avril 1893.

118. — César Borgia, duc de Valentinois, et Documents inédits sur son séjour en France, par Anatole de Gallier, avec le concours de M. William Poidebard. — Dans le *Bulletin de la Société d'Archéologie de la Drôme*, t. XXVIII, 199-237, 313-43 ; t. XXIX, 5-49, 121-45, 248-76 (1894-1895).

Tirage à part à 310 exemplaires. Paris, Alphonse Picard, 1895, in-8° de 172 p. (avec sceau et fac-simile).

119. — Robespierre, ses principes, son système politique. — Dans la *Revue des questions historiques*, t. LVI (1896). — Signé : Anatole de Gallier.

Tirage à part, Paris, Bureau de la Revue, 1896, in-8° de 74 pages.

120. — Société départementale d'Archéologie et de Statistique de la Drome. — [Circulaire relative à la décoration de M. Lacroix, archiviste de la Drôme et secrétaire de la Société] — Signé : Le Président, A. de Gallier. — Valence, impr. Jules Céas, pet. in-8° de 2 p., s. d. (septembre 1897).

121. — Dans la *Nouvelle Biographie générale* de Didot, les articles suivants :

Fleury-Ternal, (t. XVII, 1856 .Col. 928-29).

Fouquet de la Varenne, (t. XVIII, 1856. Col. 310-11).

HAHN-HAHN (LA COMTESSE), (t. XXIII, 1858. Col. 113-15).

JEAN-CASIMIR, (t. XXVI, 1858. Col. 525-30).

MOUVANS, (t. XXXVI, 1861. Col 814-15).

NOVALIS, (t. XXXVIII, 1862. Col. 331-36).

PANZER (FRÉDÉRIC), (t. XXXIX, 1862. Col. 148-49).

PONTEVÈS, (t. XL, 1862. Col. 783-84).

RAGUENEAU, (t. XLI, 1862. Col. 473-74).

REMERVILLE, (t. XLI, 1862. Col. 955-56) (1855-66).

TABLE DES MATIÈRES

Pages

AVANT-PROPOS 1-2

CHAPITRE Ier. — Sa famille. — Son éducation. — Premières poésies (1837-1840). — Voyage en Italie (1841). — Diverses publications (1843-1854). 3-36

CHAPITRE II. — La vie d'A. de Gallier. — La République de 1848 à Tain. — Il est élu au conseil municipal. — Il refuse de prêter serment à l'Empire et démissionne. — Son mariage. — Il juge avec clairvoyance la politique néfaste du gouvernement. — Visite au comte de Chambord (1861). — A. du Boys. — L'école catholique libérale. — Préférence pour Mgr Pie évêque de Poitiers. — Parallèle entre Mgr Dupanloup et Louis Veuillot (fragment inédit). — Chute de l'Empire. — Il est de nouveau élu au conseil municipal. — Fidélité inébranlable à ses convictions 37-53

CHAPITRE III. — Le mouvement des sciences historiques en Dauphiné pendant le XIXe siècle. — La Société d'archéologie de la Drôme. — Son heureuse influence — De Gallier en est le président. — Concours de 1869. — Ses publications sur l'histoire locale. — Ses travaux de critique littéraire. 54-91

Chapitre IV. — Travaux historiques sur la Révolution. — Étude sur César Borgia (1877-1896) . . 92-119

Chapitre V. — La personnalité d'A. de Gallier. — Le bibliophile. — Le lettré. — L'ami. — Hospitalité et charité de sa maison. — Deuils et tristesse. — Poésies. — Voyages en Italie. — Les dernières années. 120-154

Bibliographie. 155-170

JULES CÉAS ET FILS

Imprimeurs

A VALENCE (DRÔME)

www.ingramcontent.com/pod-product-compliance
Ingram Content Group UK Ltd.
Pitfield, Milton Keynes, MK11 3LW, UK
UKHW022103260726
13993UKWH00001B/298